Claudia Welkisch



# SYLT IN ALLER RUHE

Inselglück in der Nebensaison

DROSTE

232
234

# VORWORT

Liebe Leserinnen und Leser,

für den einen liegt in der Ruhe die Kraft, für mich liegt in der Ruhe das Glück. Genauer gesagt, das Inselglück. Denn wenn die Tage kürzer und das Meer und der Wind rauer werden, beginnt für mich die schönste Zeit auf meiner Lieblingsinsel. Dann ticken die Uhren etwas langsamer und über Sylt liegt eine herrlich entspannte Ruhe, von der so mancher Sommergast nur träumen kann.

Mit diesem Buch möchte ich Sie einladen, sich Zeit zu nehmen. Zeit, um das ruhige, authentische Sylt mit all seinen Naturschönheiten, besonderen Orten und Menschen zu entdecken, und Zeit, Ihr ganz persönliches Inselglück zu finden. Ob Sie dieses bei einem stürmischen Herbstspaziergang an menschenleeren Stränden suchen oder bei einer Wellness-Auszeit an einem klirrend kalten Wintertag. Ob Sie den Frühling dazu nutzen, durch die abwechslungsreichen Inselorte zu bummeln, oder aber mit dem Fahrrad die Insel erkunden – was auch immer Sie tun, tun Sie es mit offenen Augen, weitem Herzen und ganz viel Muße. Dann wird Ihnen das Inselglück früher oder später begegnen.

Mein Buch soll Sie auf Ihrer Reise durch die Sylter Nebensaison begleiten und Ihnen zeigen, was die Insel außerhalb der Sommermonate zu bieten hat – und das ist eine ganze Menge. Einen kleinen Teil davon, nämlich 80 besondere Tipps und Empfehlungen, habe ich in diesem Buch für Sie zusammengetragen. Ich wünsche Ihnen viel Spaß beim Ausprobieren und würde mich sehr freuen, wenn Sie beim Lesen Lust bekommen, Sylt in aller Ruhe kennen- und vielleicht auch lieben zu lernen. Es lohnt sich. Versprochen.

Ihre Claudia Welkisch

# INHALT

## MEHR ALS STRAND UND DÜNEN

Die Sylter Natur



## SYLT ENTDECKEN

Auf der Insel unterwegs

## FRIESISCH-LECKER

So is(s)t Sylt

## IMMER WAS LOS

Events, Kultur & Co.



## INSEL-AUSZEIT

Sylt für Körper und Seele

# MEHR ALS STRAND UND DÜNEN

## Die Sylter Natur

Die Weite des Watts, schroffe Kliffs und lila Blütenträume in der Heide – die Natur auf Sylt ist ebenso abwechslungsreich wie die Insel selbst.

1

# LILA BLÜTENMEER AM WATT

Während der Blütezeit in der Braderuper Heide zeigt sich die Sylter Natur von ihrer schönsten Seite und verspricht viel Ruhe und Inselidylle pur.

Schön ist es in der Braderuper Heide immer. So schön, dass man sich gar nicht sattsehen kann, ist sie vor allem dann, wenn sie sich während der Blütezeit in einen riesigen lilavioletten Blütenteppich verwandelt. Wer die Insel im Frühling oder Spätsommer besucht, der hat Glück. Denn ab Ende April und Anfang September blühen in dem fast 140 Hektar großen Naturschutzgebiet die Krähenbeere und die Besenheide. Neben diesen Heidesorten wachsen hier etwa 150 verschiedene Pflanzen, darunter so seltene Arten wie Arnika oder Lungenenzian. Außerdem bietet die Braderuper Heide rund 2500 verschiedenen Tieren, wie einer großen frei laufenden Schafherde, ein Zuhause.

Das Heidegebiet ist eingebettet zwischen Dünen, Salzwiesen und Wattenmeer, ein Teil von ihm liegt oben auf dem 15 Meter hohen Weißen Kliff. Von hier aus hat man nicht nur einen wunderschönen Blick bis zu den Lister Wanderdünen und bei gutem Wetter bis zur dänischen Nachbarinsel Rømø, sondern kann auch bei Ebbe im Watt die Wrackteile des alten schwedischen Dreimasters „Mariann“ entdecken.

Der Zugang zur Braderuper Heide befindet sich am nördlichen Ortsausgang von Braderup in der Nähe der Straße „Üp de Hiir“, an der der Heidewanderweg „Tö Wit Klef“ startet. Dieser schlängelt sich einmal quer durch die hügelige Heidelandschaft, mal als schmaler sandiger Weg, mal über hölzerne Treppen und Stege – aber immer mit diesem unvergleichlichen Blick über die lilafarbenen Blüten bis hin zum blau glitzernden Wattenmeer und einer Ruhe, wie man sie auf der Insel kaum ein zweites Mal findet. Und natürlich mit diesem einzigartigen Sylt-Geruch, den man so nur hier findet, wo sich die duftende Heide mit frischer, salziger Meeresluft vermischt. Bei einem Spaziergang durch das Naturschutzgebiet ist man fast immer ganz alleine mit sich, seinen Gedanken und der atemberaubenden Natur und spürt einmal mehr, wie sich Inselglück auf Sylt anfühlt – und wie es riecht.

INFORMATIONEN

Braderuper Heide,
Üp de Hiir,
25996 Wenningstedt-Braderup

# WOLLIGE KÜSTEN-SCHÜTZER

**Im Naturschutzgebiet Ellenbogen leben unzählige frei laufende Schafe, deren flauschigen Nachwuchs man bei einem entspannten Frühlingsspaziergang beobachten kann.**

Mit der himmlischen Ruhe, die am Sylter Ellenbogen selbst in der Hochsaison herrscht, ist es jedes Jahr im Frühling schlagartig vorbei. Denn dann erblicken dort Hunderte von Lämmchen das Licht der Welt und erfüllen die stille Halbinsel mit ihrem leisen – und manchmal auch etwas lauteren – Blöken. Mit ihren Familien leben sie hier bei Wind und Wetter in der freien Natur und lösen nicht nur Entzücken bei den Inselgästen aus, sondern leisten auch einen wertvollen Beitrag zum Küstenschutz, indem sie mit ihren Hufen den Boden festigen und damit zum Erhalt der Deiche beitragen. Außerdem sorgen sie als „Rasenmäher auf vier Beinen" dafür, dass das Gras und andere Gewächse im Naturschutzgebiet nicht zu hoch werden oder sich zu stark ausbreiten.

Wer die Lämmchen am Ellenbogen besuchen möchte, sollte viel Zeit und Geduld mitbringen, denn hier, am nördlichsten Punkt Deutschlands, sind die Schafe die

Chefs. Und wenn die Lust haben, mitten auf der holprigen Straße ein Nickerchen in der Frühjahrssonne zu halten, dann heißt es: warten. Außerdem haben sie grundsätzlich immer „Vorfahrt" und dass man – wie auch in jedem anderen Naturschutzgebiet auf Sylt – langsam fahren und Hunde an die Leine nehmen sollte, versteht sich hoffentlich von selbst.

Der Ellenbogen lohnt aber nicht nur wegen seiner wollig weißen Bewohner auf vier Beinen. Hier gibt es zwar weder Strandkörbe noch Gastronomie und das Schwimmen ist aufgrund gefährlicher Tiefenströmungen verboten, aber dafür findet man auf der Halbinsel unberührte Natur, feine weiße Strände und ganz viel Ruhe. Und manchmal, wenn man ganz alleine am Strand entlangläuft, nur begleitet vom Rauschen der Wellen und einem leisen Blöken, das ab und an vom Wind aus den Dünen herübergeweht wird, dann fühlt man sich wie der einsamste Mensch auf der Welt. Der nördlichste Mensch des Landes ist man aber auf jeden Fall, denn nördlicher als am Ellenbogen geht es in Deutschland nicht.

INFORMATIONEN

Halbinsel_Ellenbogen,
25992 List,
Anfahrt über die mautpflichtige Ellenbogenstraße

# 3

# DER WEG IST DAS ZIEL

**Auf dem wahrscheinlich schönsten Weg der Insel zeigt sich Sylt von seiner Bilderbuchseite: Zwischen Watt und Wolken findet man hier nichts als Ruhe.**

Der Wattwanderweg zwischen Braderup und Kampen ist der perfekte Nebensaison-Weg: Im Frühling kann man hier in geschützten Buchten die ersten warmen Sonnenstrahlen genießen, im Herbst freut man sich darüber, dass es am Watt nicht ganz so stürmisch ist wie auf der Meerseite, und im Winter fühlt man sich fast so, als sei man der einzige Mensch auf Sylt.

Einzige Voraussetzung für dieses wahre Inselglück ist, dass kein Dauerregen herrscht. Denn so schön der Weg entlang des Watts auch ist, so wenig Unterstellmöglichkeiten bietet er. Bäume, die Schutz vor Regen bieten, sucht man hier ebenso vergeblich wie Cafés, in denen man auf die nächste Regenpause warten kann. Dafür bekommt man Sylt-Feeling pur, gepaart mit absoluter Ruhe.

Los geht es in Braderup in der Nähe der Kreuzung von „Üp de Hiir“ und „Fin Wai“, wo man gut parken kann. Hier beginnt der Wattweg „Tö Wit Klef“, der sich zunächst durch die Braderuper Heide schlängelt (Blütezeit Ende April und Anfang September). Folgt man dem Weg immer geradeaus, kommt man nach etwa zehn Minuten Gehzeit an einen langen Holzsteg, der durch die Marschwiesen zu einer kleinen Bucht am Wattenmeer führt – und die bietet Sylt-Idylle wie aus dem Bilderbuch: feiner weißer Sand, ein weiter Blick bis nach List und darüber nichts als Himmel und einzigartige Stille. Hier kann man stundenlang auf dem Steg sitzen, das Gesicht in die ersten (oder letzten) Sonnenstrahlen des Jahres halten, den Blick schweifen lassen und glücklich sein. Schafft man es irgendwann doch, diesen besonderen Ort zu verlassen, folgt man dem Wattweg bis an sein Ende in Kampen (Gehzeit ca. 40 Minuten) und kann dann je nach Lust und Wetterlage entscheiden, von hier aus den Bus zurück nach Braderup zu nehmen oder durch die Wiesen vorbei am Leuchtturm zu seinem Auto zu laufen. Oder aber man geht den Wattweg wieder zurück. Ganz einfach, weil er so schön ist und weil man zum Glück viel Zeit hat, um Sylt in aller Ruhe zu entdecken.

**INFORMATIONEN**

Wattwanderweg,
Kreuzung Üp de Hiir/
Fin Wai (Startpunkt),
25996 Wenningstedt-Braderup

# PIEPSHOW AUF SYLTER ART

**Das Vogelschutzgebiet Rantumbecken ist im Frühling und Herbst für Zehntausende teils sehr seltene Wasservögel aus dem Norden ein Zuhause auf Zeit.**

Dass es auf Sylt in der Nebensaison besonders schön ist, hat sich nicht nur unter uns Menschen herumgesprochen, sondern auch unter Schneeammern, Knutts und Wintergoldhähnchen. Sie alle sind Vögel – Letztere sogar die kleinsten Europas – und machen im Frühling und im Herbst Station auf Sylt. Von der Ruhe, die wir außerhalb der Sommermonate auf der Insel so lieben, haben die gefiederten Gäste allerdings wenig. Denn am Rantumbecken, wo sie sich auf dem Weg in beziehungsweise aus ihrem Winterquartier ausruhen, ist einiges los.

Während der Zeit des Vogelzugs (März/April und September/Oktober) rasten hier Zehntausende Wasservögel. Da piepst und zwitschert und trällert es aus allen Ecken und auf dem Deichweg rund um das Vogelschutzgebiet Rantumbecken sitzen unzählige (Hobby-)Ornithologen mit Ferngläsern und Fotoapparaten. Sie alle warten geduldig auf die seltenen Sylt-Gäste aus Grönland, Sibirien und anderen nordischen Ländern, die auf ihrem Weg in den Süden mehrere Tausend Kilometer zurücklegen.

Auch für Nicht-Vogelkundler ist der Vogelflug ein einmaliges Naturschauspiel, das man nicht verpassen sollte – denn wann sonst kann man mit etwas Glück zehn verschiedene Gänsearten und mit noch etwas mehr Glück das nur acht bis neun Zentimeter kleine Wintergoldhähnchen beobachten. Neben einem guten Fernglas braucht man dabei trockenes Wetter. Nicht etwa, weil die Vögel sich bei Regen nicht blicken lassen, sondern weil der rund vier Kilometer lange Deichweg, der das Rantumbecken vom Wattenmeer trennt, keine Unterstellmöglichkeiten bietet. Einzig am Anfang gibt es im Rantumer Hafen ein paar Cafés und Geschäfte, in denen man einen Schauer abwarten kann, und am Ende einen überdachten Infostand.

Wer mehr über das 600 Hektar große Rantumbecken und seine dauerhaften Bewohner sowie die gefiederten Nebensaison-Gäste erfahren möchte, sollte sich einer Führung des Vereins „Jordsand e.V." anschließen.

**INFORMATIONEN**
Rantumbecken,
25980 Sylt/Rantum,
Infos und Anmeldungen zu vogelkundlichen Führungen:
www.jordsand.de

# 5

# NICHTS ALS STILLE

**Entschleunigung pur und eine fast schon andächtige Stille findet man am Morsum Kliff, dessen älteste Gesteinsschichten rund elf Millionen Jahre alt sind.**

Wenn es auf Sylt einen Ort gibt, der für absolute Ruhe steht, dann ist es das Morsum Kliff. Hier ist es zwar sogar in der Hochsaison herrlich still, die ganz besondere Atmosphäre und den Zauber des Kliffs erlebt man aber außerhalb der Sommermonate – nämlich dann, wenn im frühen Herbst die lila Heide rund um das Kliff blüht, während dichte graue Nebelschwaden übers Wattenmeer wehen, oder wenn dieses an einem besonders kalten Wintertag eisbedeckt vor einem liegt.

Das bis zu 21 Meter hohe Kliff gibt Einblicke in zehn Millionen Jahre Erdgeschichte und ist geologisch in Europa einzigartig. Daher steht es unter Naturschutz und darf nur auf den ausgeschilderten Wegen betreten werden. Der Panorama-Rundweg verspricht spektakuläre Ausblicke auf das weite Wattenmeer und die verschiedenfarbigen Gesteinsschichten aus unterschiedlichen Epochen. Große Schautafeln informieren über die Entstehungsgeschichte des etwa 1,8 Kilometer langen Kliffs.

Auf der Aussichtsplattform laden Bänke dazu ein, einfach nur dazusitzen, den Blick in die Ferne schweifen zu lassen und der absoluten Stille zu lauschen. Am liebsten möchte man die Zeit vergessen und ewig hier sitzen. Dann allerdings würde man einen anderen besonderen Ort verpassen: „Klein Afrika“. Dieses Dünental im westlichen Teil des Kliffs verdankt seinen Namen dem feinen roten Sand, der Wüstenflair versprüht, und den ungewöhnlich hohen Temperaturen von bis zu 50 Grad, die hier an manchen Sommertagen gemessen werden. Diese entstehen durch besondere Windverwirbelungen und lassen einen tatsächlich fast vergessen, dass man sich auf Deutschlands nördlichster Insel befindet.

Wer das Morsum Kliff außerhalb der Sommermonate besucht, verpasst zwar diese hohen Temperaturen – worüber manch einer sicher gar nicht so unglücklich ist –, erlebt dafür aber einen wirklich magischen Ort, an dem man Sylt in aller Ruhe genießen und von seiner schönsten Seite erleben kann.

INFORMATIONEN

Parkplatz Morsum Kliff,
Nösistich,
25980 Sylt/Morsum

6

# MITTEN DURCH DEN MATSCH

Im Watt ist immer was los: Bei einer geführten Wanderung durch die besondere Naturlandschaft trifft man auch im Winter auf Wattschnecken, Würmer & Co.

Mangels Schnee verwandelt sich Sylt zwar ziemlich selten in ein Winter-Wunderland, dafür dürfen sich Inselgäste in den kalten Monaten aber über ein einzigartiges Watt-Wunderland freuen. Das ist zwar nicht schneeweiß, sondern matschig grau, dafür aber ziemlich spannend und gar nicht so eintönig, wie es auf den ersten Blick vielleicht erscheinen mag.

Das Watt vor Sylt gehört zum Nationalpark Wattenmeer, der sich zwischen Dänemark und Holland erstreckt und zum Weltnaturerbe zählt. Damit steht es unter besonderem Schutz – und das zu Recht. Denn hier sind rund 10.000 Tier- und Pflanzenarten zu Hause, von kleinen Würmern und Schnecken über Fische und Vögel bis hin zu Säugetieren wie Schweinswalen und Kegelrobben. Für Letztere ist der Winter die wichtigste Zeit im Jahr, denn dann bringen sie auf einer Sandbank vor Sylt ihre Jungen zur Welt. Wie alle anderen Tiere haben auch sie sich dem besonderen Lebensraum angepasst und Strategien entwickelt, die kalten Winter zu überstehen.

Eine Wattwanderung im Winter ist etwas ganz Besonderes und ein unvergessliches, wenn auch ziemlich kaltes Erlebnis für alle Sinne. Denn im Winter sind die Gruppen bei den Führungen deutlich kleiner, es bleibt mehr Zeit und Ruhe, alle Geräusche, Gerüche und Empfindungen aufzunehmen. Die Meeresluft ist noch etwas würziger und frischer, das Licht noch klarer und intensiver und der eisblaue Horizont scheint noch ein wenig weiter zu sein.

Egal, in welcher Jahreszeit man den einzigartigen Lebensraum Watt entdecken möchte, man sollte sich nie alleine auf den Weg machen. Denn wo jetzt noch matschiger Meeresboden ist, könnte schon bald Wasser sein – und das kommt oft schneller, als man denkt. In Begleitung eines erfahrenen Wattführers, der zudem spannende Geschichten zu erzählen hat, steht der Entdeckung des Watt-Wunderlandes nichts im Wege.

**INFORMATIONEN**

Führungen und Guides:
www.sylt-wattwanderungen.de oder
www.schutzstation-wattenmeer.de/veranstaltungen

7

# UNTER DEM BUNTEN NACHTHIMMEL

Polarlichter sind ebenso schön wie selten und treten umso häufiger auf, je weiter im Norden man sich befindet. Gut, dass Sylt Deutschlands nördlichste Insel ist.

Elektrisch geladene Teilchen aus der Magnetosphäre, die auf Sauerstoff- und Stickstoffatome treffen und mit diesen interagieren – was sehr technisch und für die meisten wahrscheinlich auch eher trocken und langweilig klingt, ist genau das Gegenteil. Denn genau so entsteht eines der spektakulärsten und schönsten Naturschauspiele überhaupt: das Phänomen der Polarlichter.

Um diese zu beobachten, muss man nicht extra nach Norwegen oder Grönland reisen, mit etwas Glück kann man die bunten Lichter auch am Himmel über Sylt beobachten – und zwar am besten in einer Herbst- oder Winternacht. Dabei gilt: Je dunkler die Umgebung und je klarer der Himmel, desto besser wird das Lichtschauspiel sichtbar.

Daher sind die Strände an der Nordsee und am Wattenmeer besonders gute Orte, um tatsächlich Polarlichter zu entdecken. Vor allem ganz im Norden der Insel, im Listland oder am Ellenbogen, stehen die Chancen gut, denn je weiter nördlich und je näher am Polarkreis man sich befindet, desto besser ist das Himmelsspektakel zu sehen. Ob man dabei tatsächlich das komplette Farbspektrum wahrnimmt, hängt davon ab, wie gut das eigene Auge Farben in der Dunkelheit wahrnehmen kann. Da das menschliche Auge stark auf grünes Licht reagiert, werden am häufigsten grüne Lichter gesichtet.

Welche Farbe auch immer man wahrnimmt, Polarlichter sind ein einzigartiges und unvergessliches Erlebnis – und so viel mehr als die Interaktion von Atomen und Teilchen. Wer dieses für die Ewigkeit festhalten möchte, dem empfehlen Experten eine gute Kamera statt des Handys und eine lange Belichtung, um den Farbeffekt der tanzenden Lichter noch zu verstärken. Außerdem sollte man sich möglichst schon eine Weile in der Dunkelheit aufgehalten haben, damit sich die Augen auf die Lichtverhältnisse einstellen können, und den Blick immer nach Norden richten.

**Extratipp:** Die App „Aurora-Prognose“ sagt die Wahrscheinlichkeit von Polarlichtern am Standort des Nutzers voraus.

INFORMATIONEN

Polarlichter am Ellenbogen,
25992 List

# ZWISCHEN DEN MEEREN

**Ruhe am Wattenmeer oder tosende Wellen an der Nordsee? Wer seinen Spaziergang nach Rantum verlegt, bekommt beides – und obendrauf jede Menge „Vitamin Sea“.**

Dass Sylt eine Insel zwischen zwei Meeren ist, die sich ihre Küsten auf der einen Seite mit der rauen Nordsee und auf der anderen Seite mit dem ruhigen Wattenmeer teilt, wird nirgends so deutlich wie in Rantum. Der kleine 600-Seelen-Ort liegt an der schmalsten Stelle der Insel, die aktuell nur etwa 500 Meter breit ist. Nirgendwo sonst auf der Insel kommt man so schnell von einer Küste an die andere, daher eignet sich Rantum perfekt für einen ausgiebigen Strandspaziergang an einem stürmischen Herbsttag oder einem klirrend kalten Nachmittag im Winter. Denn wenn es einem am rund zwölf Kilometer langen Strand irgendwann zu ungemütlich wird, man aber noch nicht genug frische Nordseeluft getankt hat, dann nimmt man einfach einen der Holzwege durch die Dünen und ist in wenigen Minuten auf der idyllischen Wattseite. Hier geht es deutlich weniger windig zu und daher ist es auch nie ganz so eisig wie am offenen Meer. Statt wilder Wellen und laut tosenden Winds gibt es hier nichts als Stille und Weite, die man sich in der Nebensaison meistens nur mit ein paar Möwen oder Austernfischern teilen muss.

Und wenn man dann irgendwann doch Lust auf warme Füße und ein heißes Getränk hat, dann wechselt man einfach schnell wieder die Inselseite und besucht eines der vielen Rantumer Strandrestaurants. Zum Beispiel das „Samoa Seepferdchen" am gleichnamigen Strandabschnitt – dank des gemütlichen Kachelofens und des hauseigenen Winter-Gins mit Zimt und Bergamotte die perfekte Anlaufstelle für hungrige und durchgefrorene Strandspaziergänger. Dazu zaubert das „Samoa"-Team in den kalten Monaten deftige Leckereien wie Eintöpfe oder Ente mit Rotkohl auf die Teller. So gestärkt kann man sich entspannt auf den Rückweg machen und diesen ganz nach Lust, Laune und Windstärke entweder auf der Watt- oder der Meerseite antreten. Oder an beiden – schließlich ist man ja in Rantum.

INFORMATIONEN

Samoa Seepferdchen,
Hörnumer Straße 70,
25980 Sylt/Rantum,
Tel. (0 46 51) 55 79,
www.samoa-seepferdchen.de

9

# DAS GOLD DER NORDSEE

**In der Nebensaison findet man an den Sylter Stränden nicht nur ganz viel Ruhe und Entspannung, sondern mit etwas Glück auch Bernsteine.**

Frische Luft, ein mindestens ebenso frischer Wind, der einem den Kopf frei pustet, und weit und breit keine Menschenseele, die einen stört. Als ob das nicht schon genug Inselglück wäre, gibt es eine weitere gute Nachricht für alle, die den Strand am liebsten im Herbst oder Winter genießen. Denn sie haben die besten Chancen, Bernsteine zu finden – und zwar vor allem an der sogenannten Sylter Bernsteinküste zwischen dem „Wonnemeyer“ am Weststrand und der schmalsten Stelle des Ellenbogens.

Dazu braucht es neben guten Augen und etwas Glück auch das richtige Wetter sowie das perfekte Timing. Am besten macht man sich nach einem kräftigen Herbst- oder Wintersturm auf die Suche nach dem Meeresgold, das bei auflandigem Wind häufig an die Strände gespült wird. Außerdem sollte es möglichst kalt sein, da dann das salzige Meerwasser eine besonders hohe Dichte hat und der leichte Bernstein auf der Wasseroberfläche treiben und leichter an Land gespült werden kann.

Dort bleibt er dann meistens am Flutsaum in dem dunklen Streifen aus Algen, Muscheln und Treibholz liegen. Besonders gut erkennen lassen sich Bernsteine, deren Farbe von orange über gelb bis hin zu bräunlich variieren kann, bei tief stehender Sonne, die die Steine fast golden leuchten lässt. Ist man sich nicht sicher, ob es sich bei seinem Fund um einen zwar vielleicht schönen, aber leider doch wertlosen Feuerstein oder aber tatsächlich um einen Klumpen Meeresgold handelt, gibt es mehrere Möglichkeiten, das herauszufinden: Ist der Stein im Vergleich zu anderen sehr leicht, lädt er sich bei Reibung elektrisch auf und schwimmt in einer Schüssel mit Salzwasser, dann hat man tatsächlich ein Stück Bernstein gefunden. Der ist zwar nicht ganz so wertvoll, wie es der Name „Meeresgold" vermuten lässt, dafür aber eine umso schönere Erinnerung daran, warum es sich vor allem an kalten Schietwetter-Tagen lohnt, an den Strand zu gehen.

**Extratipp:** Bernsteine schleifen bei der Schutzstation Wattenmeer (www.schutzstation-wattenmeer.de).

INFORMATIONEN

Bernsteinküste zwischen „Wonnemeyer" und Ellenbogen, Weststrand, 25992 List

# SYLT ENTDECKEN

## Auf der Insel unterwegs

**Ob mit dem Rad oder zu Fuß – auf Sylt gibt's immer wieder Neues zu entdecken. Die Insel bietet auf 99 Quadratkilometern jede Menge Lieblingsplätze.**

10

# SYLTS OSTEREIER-PARADIES

**Die beiden „Sylter Lädchen“ des „Hansenhofs“ sind die perfekte Adresse für Osterfans, denn hier gibt es alles, was man aus besten Insel-Eiern herstellen kann.**

Wer Ostern auf Sylt verbringt und für seine Liebsten nicht einfach irgendwelche Eier verstecken möchte, sondern die Eier der glücklichsten Hühner Sylts, der ist beim Morsumer „Hansenhof“ genau richtig. Denn hier leben sie, die happy Hühner – auf großzügigen 12.000 Quadratmetern, wo sie nach Herzenslust rennen, gackern und im Sand baden können.

Zu picken gibt es salzhaltige Gräser frisch von der Wiese und vollwertiges Getreide, unter das gemahlene Austernschalen gemischt werden. Zusammen mit der guten Sylter Luft macht das den besonderen Geschmack der Eier aus, deren kräftig orangefarbener Dotter ebenso zu ihren Erkennungszeichen zählt wie die aufgesprühte Insel-Silhouette.

Wer fürs Osternest einkaufen möchte, kann dies direkt auf dem „Hansenhof“ in Morsum oder in den hofeigenen „Sylter Lädchen“ in Westerland tun. Hier gibt es das original Sylter Ei entweder ganz pur oder abgekocht und mit Naturfarben gefärbt. Ein besonderes Highlight sind die Eier mit Überraschungseffekt, unter deren echter Schale sich zartschmelzender Nougat verbirgt. Doch die Eier der glücklichen Insel-Hühner können noch mehr. Nämlich, sich in Hochprozentiges verwandeln: Ein Dauerbrenner in den „Sylter Lädchen“ ist der Likör „Hühnerbaron“ mit frischen Eiern und Sahne in verschiedenen Variationen: Ob mit Marzipan oder Sylter Meersalz verfeinert, ob mit Morsumer Erdbeeren oder Sylter Sanddorn versetzt – der „Hühnerbaron“ ist definitiv das perfekte Ostergeschenk für alle Insel-Fans. Daneben gibt es im Lädchen alles, was man für ein Osterfrühstück braucht: verschiedene Fruchtaufstriche wie das „Hasenfrühstück“ mit Äpfeln, Orangen und Möhren, Sylter Honig, frische Wurstwaren und eine große Auswahl an Marmeladen wie die „Ostermarmelade“ aus Erdbeeren und Mango und dazu jede Menge Besonderes und Leckeres aus regionalen Manufakturen. Also alles, was Ostern noch schöner und syltiger macht.

INFORMATIONEN

Hansenhof,
Terpstig 65, 25980 Sylt/Morsum,
Tel. (01 71) 2 38 50 74,
www.hansenhof-sylt.de

Sylter_Lädchen,
Friedrichstraße 6 & 44,
25980 Sylt/Westerland

11

# LIEBENSWERTE INSELGÄSTE

Sie stehen bei schönstem Schietwetter unter der Stranddusche, springen ins eiskalte Wasser des Dorfteichs und machen sich in Badesachen auf den Weg zum Surfen – die „Alltagsmenschen" sind aus Wenningstedt nicht mehr wegzudenken.

Wer sich ihnen nähert, sieht, dass sie nicht perfekt sind. Sie haben keine Bikinifigur, aber ein paar Fältchen vom Lachen, ihre Nase ist vielleicht zu klein, der Bauch dafür ein wenig zu groß und ganz jung sind sie auch nicht mehr – aber gerade das macht sie so liebenswert, denn sie sind eben echte Alltagsmenschen wie wir alle.

## Skulpturen voller Lebendigkeit

Erschaffen haben die teilweise überlebensgroßen Beton-Skulpturen die beiden Künstlerinnen Christel und Laura Lechner. Seit 2004 arbeitet das kreative Mutter-Tochter-Gespann gemeinsam an den außergewöhnlichen Figuren, mit dem Ziel, die oftmals unscheinbare Schönheit des Alltags sichtbar zu machen und Geschichten aus dem Leben zu erzählen.

Von Weitem wirken ihre „Alltagsmenschen" so täuschend echt, dass sie in dem Gewusel, das auf Sylt an manchen Sommertagen herrscht, kaum von den „echten" Inselgästen zu unterscheiden sind. Umso schöner, dass sie als Dauergäste das ganze Jahr über in Wenningstedt zu sehen sind. Denn wenn die Touristenmassen die Insel verlassen, wird es auch um die Alltagsmenschen etwas ruhiger. Dann hat man endlich Zeit, sie sich in Ruhe von Nahem anzuschauen, ihre charmanten Lachfältchen zu zählen oder sie auch mal an ihrem unperfekten Bauch zu kitzeln – Letzteres ist von den Künstlerinnen ausdrücklich erwünscht.

## Dauergäste und Saisonbesucher

Die „Alltagsmenschen", die dauerhaft in Wenningstedt zu Hause sind, bekommen jedes Jahr Gesellschaft von neuen, wechselnden Figuren, die in der Regel von Ende März bis Ende Oktober auf der Promenade zu sehen sind. So wie die Tischszene, bei der 2020 – im Corona-Jahr – eigentlich zehn Figuren gemeinsam an einer langen Tafel sitzen und das Leben bei gutem Essen und einem Glas Wein genießen sollten. Kurzerhand griffen Christel und Laura Lechner in ihrer künstlerischen Arbeit das aktuelle Pandemie-Thema auf und verteilten die Inselgäste aus Beton auf drei kleinere Tische.

Ob die gesellige Runde auf der Promenade, der Fischer, der vor der Wenningstedter Friesenkapelle in Richtung der polnischen Partnergemeinde Sorquitten blickt, oder die drei drallen Damen, die sich mit ihren Surfbrettern in die Fluten stürzen wollen – sie alle haben eines gemeinsam: Sie sind herrlich menschlich und bringen ihre Betrachter häufig zum Schmunzeln und manchmal auch zum Nachdenken. Und sie sind wirklich angenehme Zeitgenossen: Denn wer auf der Haupttreppe in Wenningstedt in Ruhe die Aussicht aufs Meer genießen möchte, kann sich sicher sein, dass der freundliche Herr mit dem Fernglas und dem karierten Sakko einen dabei ganz sicher nicht stören wird.

**INFORMATIONEN**
Alltagsmenschen,
25996 Wennigstedt-Braderup
www.alltagsmenschen.de

12

# JEDE MENGE FRIESENCHARME

**Ein Frühlingstag in Keitum verspricht kulinarische Genüsse, ausgefallene Shopping-Erlebnisse und dank der Lage am Watt auch ganz viel Ruhe und Natur.**

Die schönste Zeit, das charmante Kapitänsdorf Keitum zu entdecken, ist definitiv der Frühling. Dann blühen die großen Linden entlang der Alleen mit den vielen hübschen Bauerngärten um die Wette und der kleine Ort am Wattenmeer erwacht langsam aus dem Winterschlaf. Zum Glück ist es dann aber noch nicht annähernd so voll wie in den Sommermonaten, wenn die engen Gassen Keitums oftmals völlig überlaufen sind und in den Cafés und Restaurants kein freies Plätzchen zu ergattern ist.

Die eignen sich übrigens auch hervorragend zur Überbrückung eines kurzen Frühlingsschauers, denn in Keitum kommt für jeden Geschmack genau das Richtige auf den Tisch: vom leckeren Frühstück mit Wattblick in

„Nielsens Kaffeegarten“ (Am Kliff 5) über das berühmte Schnitzel der „Kleinen Küchenkate“ (Hoyerstig 2) bis zu einem Stück hausgemachter Friesentorte in der „Kleinen Teestube“ (Westerhörn 2). So gestärkt lässt man sich dann am besten einfach treiben und nimmt sich ganz viel Zeit, das Dorf, das für viele als das schönste der Insel gilt, zu entdecken: Historische Reetdachhäuser, in denen einst die reichen Kapitäne der Insel zu Hause waren, rosenbewachsene Friesenwälle, enge Kopfsteinpflastergassen – Keitum versprüht jede Menge Friesencharme und Sylter Geschichte.

Nicht verpassen sollte man die schönen Geschäfte entlang des Gurtstig, wie den „Genuss-Shop“ von Sternekoch Johannes King (Nr. 2) oder „Stil & Blüte“ (Nr. 33), wo es neben zauberhaften Blumen auch Hunde- und Wohnaccessoires gibt. Dänische Deko bekommt man bei „Nordlicht“ (Nr. 48) und in den kleinen Seitengassen findet man zahlreiche Galerien, Ateliers und Werkstätten, zum Beispiel die der Glaskünstlerin Antje Otto (Bahnhofstraße 37) oder die Töpferei „Witthüs“ (Am Kliff 5a). Von dort aus ist es nur ein Katzensprung ans Watt, das mit ganz viel Ruhe und einem weiten Blick zu einem ausgedehnten Frühlingsspaziergang einlädt und damit den Tag in Keitum perfekt macht.

INFORMATIONEN

Spaziergang durch Keitum,
25980 Sylt/Keitum

13

# WINTERGLÜCK IM WOHNMOBIL

**Der Campingplatz Rantum bietet Wohnmobilbesitzern auch im Winter die Möglichkeit, direkt hinter den Dünen zu entspannen und die Seele baumeln zu lassen.**

Wer von einem ruhigen Sylt-Urlaub ohne aufwendige Hotelsuche träumt, bei dem für Hektik und Stress kein Platz ist, dafür aber viel Zeit für schöne Dinge und für sich selbst bleibt, der sollte es einmal mit Wintercamping versuchen. Genau das ist seit Kurzem auf dem wunderschön gelegenen Campingplatz in Rantum möglich – allerdings nur im eigenen Wohnmobil, denn die Sanitärgebäude sind von November bis Ende März geschlossen. Trotzdem müssen Wintercamper in Rantum auf nichts verzichten, denn zum einen haben sie ja in ihrem rollenden Zuhause auf Zeit alles, was sie benötigen, und zum anderen haben sowohl der Dorfladen im benachbarten Hotel als auch das asiatische Campingplatz-Restaurant „To Gao“ ganzjährig geöffnet.

Und mehr braucht man ja eigentlich auch gar nicht zum perfekten Winter-Insel-Glück, bei dem nichts die Stille stört außer das leise Meeresrauschen und das Kreischen der Möwen.

Da es nur 20 Winter-Stellplätze gibt, ist auch die Zahl möglicher Camping-Nachbarn überschaubar und so kann man hier, zwischen Wattenmeer und Nordsee, einfach mal die Seele baumeln lassen und es sich gemütlich machen: in Ruhe ein Buch lesen, mit einem heißen Tee aus dem Fenster auf die Dünen schauen oder einfach mal früh ins Bett gehen und warm eingekuschelt dem Sylter Winterwind lauschen. Gemütlicher – und vor allem günstiger – übernachtet man auf Sylt nirgends. Und ruhiger schon mal gar nicht. Zudem ist man in ein paar Minuten zu Fuß sowohl am Vogelschutzgebiet Rantumbecken als auch am Strand und im Hafen, wo nette kleine Cafés, Restaurants und Geschäfte zum Bummeln einladen.

Die Ganzjahresstellplätze auf dem Campingplatz in Rantum, die alle über einen eigenen Stromanschluss verfügen, sind rund um die Uhr befahrbar und der Check-In erfolgt am Automaten – perfekt also für kurz entschlossene Insel-Fans, die sich spontan für das Abenteuer „Winter-Camping“ entscheiden.

**Extratipp:** Unbedingt vor der Anreise einen der wenigen Wohnmobilplätze auf dem Autozug reservieren!

INFORMATIONEN

Campingplatz Rantum,
Hörnumer Straße 3,
25980 Sylt/Rantum,
Tel. (0 46 51) 8 89 20 08,
www.camping-rantum.de

14

# GEGEN DEN WIND

**Ein Sylt-Urlaub ohne Radtour ist wie Rote Grütze ohne Vanillesoße: ganz nett, aber eben nicht perfekt. Zum Glück muss man auch bei Wind und Wetter nicht darauf verzichten, die Insel mit dem Fahrrad zu erkunden.**

Gerade in der Nebensaison macht das Radfahren auf Sylt sogar noch mehr Spaß als in den Sommermonaten. Denn wenn sich gefühlt halb Deutschland auf der Insel tummelt, sind nicht nur die Strände, sondern auch die Radwege oftmals hoffnungslos überfüllt – und das, obwohl es mehr als 200 Kilometer davon gibt. Entspannt-gemütliches Fahren und dabei die Aussicht genießen oder mal einen spontanen Foto-Stopp einlegen sind dann fast nicht möglich. Anders in den ruhigeren Jahreszeiten, wenn sich nur ein paar wenige Touristen auf die Radwege verirren und man ganz in seinem Tempo radeln und dabei herrlich den Kopf frei kriegen kann, ohne sich von der Fahrradmeute um einen herum gehetzt zu fühlen.

## Gut geliehen ist gut geradelt

Ein weiterer Vorteil einer Radtour in der Nebensaison ist es, dass diese auch einmal spontan stattfinden kann, wenn Lust, Laune und Wettervorhersage stimmen. Im Sommer ist das eher schwierig, denn die Sylter Leihfahrräder sind an manchen Ferientagen oft schon vormittags ausgebucht und ohne Vorab-Reservierung steht man dann bei schönstem Sonnenschein ohne Fahrrad da. Wer mit kleinen zwei- oder etwas größeren vierbeinigen Mitbewohnern auf Sylt urlaubt, muss ebenfalls nicht aufs Radfahren verzichten: Für beide – Kinder und Hunde – gibt es bei den Fahrradverleihern Anhänger oder Lastenräder mit Transportboxen, ebenso wie Helme, Körbe, Fahrradkarten und natürlich diverse Radmodelle für Kinder und Erwachsene, die vor Ort getestet werden können. Um sein Urlaubsrad zu mieten, hat man es auf Sylt meistens nicht sehr weit, denn von den über 30 Verleihern findet sich fast immer einer ganz in der Nähe – wie zum Beispiel eine Filiale dieser vier empfehlenswerten Vermieter:

### „M+M Fahrradverleih"

In den neun Filialen, von denen sich eine direkt am Westerländer Hauptbahnhof befindet, stehen über 2000 Leihfahrräder (natürlich auch Elektroräder) zur Verfügung. Daneben gibt es Zubehör wie Karten, Helme sowie Babyeinlagen für Kinderanhänger zu mieten und – besonders sinnvoll in der Nebensaison – sogar Regenponchos. Außerdem werden ein kostenloser Pannenservice und Einwegmieten angeboten, bei denen man das Rad nicht in derselben Filiale abgeben muss, in der man es gemietet hat.

### „Nordseebike"

Im Verleih dieses Westerländer Anbieters befinden sich ausschließlich hochwertige Elektroräder und Elektro-Transporträder der Marke „Riese & Müller". Außerdem gibt es auch hier natürlich Leih-Zubehör wie Helme und Kindersitze und man kann sich nicht nur kostenlos den Akku wechseln, sondern sich für seine Tour auch einen Picknickkorb zusammenstellen lassen.

# 14

„Sylt-Fahrrad"

Die beiden Filialen von „Sylt-Fahrrad" befinden sich in zentraler Lage in der Nähe des Bahnhofs Westerland sowie am Rantumer Hafen. Als Besonderheit bietet dieser Verleiher auch E-Bikes für Kinder ab 24 Zoll und XXL-Mountainbikes für große Rad-Fans bis zu einer Körpergröße von 1,98 Meter an. Zudem kann man sich ab einem Mietpreis von 50 Euro sein Rad kostenlos zu seiner Urlaubsunterkunft liefern und es wieder abholen lassen.

„EBIKE Sturmflotte"

Diesen Fachhandel für E-Bikes mit angeschlossenem Verleih und Meisterwerkstatt findet man in der Nähe des Westerländer Rathauses. Hier gibt es nicht nur verschiedene (Lasten-)Räder und Mountainbikes renommierter Hersteller für die ganze Familie (ab 24 Zoll), sondern auch die berühmte „Stullenbox" mit leckeren Wraps oder belegten Broten und Softdrinks sowie alkoholischen Getränken. Außerdem organisiert die „Sturmflotte" verschiedene geführte Radtouren wie zum Beispiel zu den Sylter Weinbergen.

Zudem bietet die Naturschutzgemeinschaft Sylt e.V. Radtouren durch die fünf einzigartigen Sylter Naturschutzgebiete an (www.naturschutz-sylt.de/event/naturkundliche-fahrradtour) und mit der bekannten Gästeführerin Silke von Bremen kann man radelnd die Insel-Orte entdecken und dabei Interessantes über die Geschichte Sylts erfahren (www.guideaufsylt.de).

Rückenwind aus der Steckdose

Für welchen Verleiher oder welche Tour auch immer man sich entscheidet – bei der Wahl des Urlaubsrads sollte man (sich) immer auf ein E-Bike setzen. Denn zum einen kommt der Wind auf Sylt gefühlt immer von vorne, egal in welche Richtung man fährt, und zum anderen ist die Insel bei Weitem nicht so flach, wie sie auf den ersten Blick scheint. Vor allem auf den Dünenradwegen hat man es mit so mancher Steigung zu tun, die schon den ein oder anderen Radler ohne elektrischen Rückenwind zum Aufgeben und Umkehren gezwungen hat – erst recht, wenn man an einem windigen Herbsttag unterwegs ist.

Ein weiterer Vorteil von E-Bikes ist es, dass man natürlich schneller vorankommt und daher an einem einzigen Tag richtig viel Strecke machen und dabei richtig viel Sylt entdecken kann. In der Regel reicht eine Akkuladung, je nach Unterstützungsstufe, für rund 90 bis 100 Kilometer, womit man etwa dreimal die komplette Westküste von Hörnum nach List abfahren könnte. Abends sollte man den Akku grundsätzlich laden, auch wenn er noch halb voll ist, denn bei starkem Wind muss man die Motorunterstützung höher einstellen, was dann zwar mehr Fahrspaß, aber eben auch einen höheren Akkuverbrauch bedeutet.

## Plan B für alle Fälle

Neben einem vollen Akku sollten Nebensaison-Radler natürlich auch immer die passende Kleidung dabeihaben und das Wetter im Blick behalten. Einfach drauflosradeln ist in den Herbst- und Wintermonaten keine gute Idee. Vielmehr sollte man sich vorab nicht nur darüber informieren, ob und wann es regnet, sondern auch immer einen Plan B im Gepäck haben – falls das Wetter sich mal wieder nicht an die Vorhersagen hält. Eine Radkarte, die man in jedem Sylter Buchhandel kaufen oder sich bei der Fahrradvermietung leihen kann, ist in einem solchen Fall Gold wert. Sie zeigt einem nicht nur den schnellsten Weg in die trockene Urlaubsunterkunft, sondern auch Abkürzungen – oder natürlich auch Möglichkeiten, die Radtour zu verlängern, wenn der Wind die Regenwolken dann doch schneller als erwartet weggepustet hat.

Wenn Akku, Beine oder das Regencape einmal total schlappmachen, sollte man Ausschau nach einer Bushaltestelle halten, denn alle Sylter Linienbusse sind mit Fahrradträgern ausgestattet und bringen einen schnell und trocken ins Urlaubszuhause. Auch in den Zügen, die zwischen Keitum, Morsum und Westerland verkehren, besteht die Möglichkeit, Räder mitzunehmen und der Taxi-Service Henke bietet ebenfalls einen Fahrradtransport an.

### INFORMATIONEN

M+M Fahrradverleih,
www.sylter-fahrradverleih.de

Nordseebike,
www.nordsee-bike.de/sylt

Sylt-Fahrrad,
www.sylt-fahrrad.de

EBIKE Sturmflotte,
www.ebikesturmflotte.com

Taxi-Service Henke,
Tel. (0 46 51) 66 99,
www.taxi-sylt.de

15

# FAHRRADTOUR IM FRIESENNERZ

Der Radweg am Rantumbecken ist nicht nur etwas für Schönwetter-Fahrer, sondern ganzjährig ein echtes Sylt-Highlight.

Eine meiner Lieblingsradtouren führt entlang des Naturschutzgebiets Rantumbecken und ist auch für Schietwetter-Tage geeignet – zumindest bei nicht allzu heftigem Wind oder Dauerregen. Da die Tour auf der Wattseite entlang und durchs Inselinnere führt, ist der Wind hier nicht so stark wie auf der Westseite. Und sollte es auf dem Fahrrad doch zu ungemütlich werden, bietet die Strecke mehrere Möglichkeiten zum Abkürzen, Unterstellen und Einkehren sowie natürlich genug Bushaltestellen für den Fall, dass das Sylter Wetter mal wieder alles gibt, um seinem Ruf gerecht zu werden. Mein Tipp: Bei Westwind lässt es sich hier am entspanntesten radeln.

Los geht's am Rantumer Hafen, wo man sich in der „Kaffeerösterei Sylt" oder dem „De Lüx Curry" mit Cappuccino, Currywurst & Co. für die Tour stärken und darauf warten kann, dass sich auch die letzte Regenwolke verzogen hat. Gleich hinter dem kleinen Hafengebiet beginnt der etwa fünf Kilometer lange Deichweg, der zwischen dem Vogelschutzgebiet Rantumbecken und dem Wattenmeer entlangführt. Hier trifft man in der Nebensaison mehr Schafe als Menschen und hat die unendliche Weite des Wattenmeeres und das Gezwitscher der rund 50 Vogelarten, die hier leben, fast für sich allein.

Am Ende des zwar teilweise etwas holprigen, aber dafür umso schöneren Deichwegs wartet schon die nächste Unterstellmöglichkeit, ein Infostand zum Thema „Küstenschutz". Und dann muss man sich – nach einem prüfenden Blick in den Sylter Himmel oder die Wetter-App – entscheiden, ob man geradeaus weiter nach Westerland fährt oder rechts abbiegt und die Tour entlang des Wattenmeers Richtung Keitum verlängert. Entscheidet man sich für die erste Möglichkeit, ist man nach etwa 20 Minuten am Westerländer Bahnhof und kann sich und sein Rad bequem mit dem Bus in seine Unterkunft bringen lassen. Dann verpasst man allerdings Keitum mit seinen netten Einkehr- und Unterstellmöglichkeiten – und zum Glück auch diversen Bushaltestellen.

**INFORMATIONEN**

Deichweg am Rantumbecken,
Hafenstraße (Start),
25980 Sylt/Rantum

16

# SYLTER STRAND-HOLZPIRAT

**Wenn die eisigen Winterstürme über die Insel fegen, ist für den Strandgut-Künstler Bo Janssen von der Lister Manufaktur „Dünenstrauss Sylt“ Hochsaison.**

Kalte Wintertage, leere Strände – die perfekte Zeit für Bo Janssen, um seiner Passion, dem Strandgutsammeln, nachzugehen. Er selbst nennt sich „professioneller Strandspaziergänger“ oder „Strandholzpirat“ und das, was er aus seinen Fundstücken zaubert, sind einzigartige Kunstwerke – jedes ein Unikat, mit viel Liebe und in Handarbeit auf Sylt hergestellt. Für Bo sind die kalten Monate, in denen sich kaum eine Menschenseele an den Strand verirrt, die beste Zeit, um Treibgut zu sammeln, denn im Sommer ist es ihm an den Stränden zu voll und die Konkurrenz um die besten Stücke oftmals groß. Außerdem sind die Chancen, Strandgut zu finden, an stürmischen Tagen am größten, denn dann spült das Meer besonders häufig Holz an.

Bevor Bo in seiner Werkstatt daraus Lampen, Deko-Objekte oder Wohnaccessiores fertigt, muss das Holz aber erst einmal trocknen. Je nach Holzart und Feuchtigkeit manchmal bis zu einem Jahr. Erst dann kann sich Bo zusammen mit seinem kleinen Team aus Designern, Tischlern und kreativen Köpfen an die Arbeit machen, mit dem Ziel, möglichst wenig an den Fundstücken zu verändern. Neben Holz verarbeitet die „Dünenstrauss"-Crew alles, was die Sylter Strände hergeben: altes Eisen, Nägel, Muscheln – ihrer Fantasie und Kreativität sind keine Grenzen gesetzt.

Zu kaufen gibt es die handgefertigten Dekostücke in Bo's kleinem Laden in List. Hier kann man an einem regnerischen Tag stundenlang stöbern und sein ganz persönliches Lieblingsteil finden – ein Stück Sylt für zu Hause, gefertigt aus einem angespülten Holz, dessen Herkunft und Geschichte für immer ein Geheimnis bleiben wird. In der „Dünenstrauss"-Manufaktur, die sich in einem ehemaligen Luftschutzbunker befindet, werden zudem auch Auftragsarbeiten angenommen: Ob beleuchtete Hausnummern, Garderoben, Esstische, Gartenbänke oder individuelle Schilder – hier wird jeder Wunsch umgesetzt und jeder Treibholz-Traum wahr gemacht.

**INFORMATIONEN**

Dünenstrauss Sylt/
Shop & Manufaktur,
Dünenstraße 1b, 25992 List,
Tel. (0 46 51) 3 38 19 89,
www.duenenstrauss.de

17

# HÜNEN, HÜGEL UND HISTORISCHES

Da Mystik und strahlender Sonnenschein nicht wirklich gut zusammenpassen, sollte man sich am besten einen richtig schönen Schietwetter-Tag mit Nebel und tief hängenden Wolken aussuchen, um in die sagenumwobene Welt der Sylter Hünengräber abzutauchen.

Sylt weist im Vergleich zu seiner relativ kleinen Fläche von nicht einmal 100 Quadratkilometern die meisten archäologischen Fundstätten in ganz Mittel- und Nordeuropa auf. So sind auf der Insel über 530 Grabhügel aus der Bronze- und Wikingerzeit bekannt und knapp 50 Megalithgräber aus der Jungsteinzeit.

Das Wort „Megalith" stammt aus dem Griechischen: „Megas" bedeutet „groß" und „lithos" „Stein" – und wenn diese überdimensionierten Gräber etwas auszeichnet, dann, dass sie aus wirklich riesigen Steinen gebaut sind und man sich immer wieder fragt, wie diese vor Tausenden Jahren bewegt wurden. Man nimmt an, dass die tonnenschweren Findlinge durch Ochsengespanne gezogen oder mit purer Muskelkraft über rollende Rundhölzer transportiert wurden – oftmals mithilfe ganzer Dorfgemeinschaften.

## Umzüge und Legenden

Einige der auf Sylt gefundenen Gräber wurden im Laufe der Zeit vom Meer zerstört, von Dünen verschüttet oder aber abgeräumt, um die Steine an anderer Stelle wiederzuverwenden. So zum Beispiel als Fundament für den Kampener Leuchtturm oder Buhnen vor der Westküste. Im dänischen Mögeltondern unweit der deutschen Grenze wurde sogar eine komplette Straße damit gepflastert. Aber auch baulichen Maßnahmen mussten schon Gräber weichen, wie der steinzeitliche Harhoog, der zunächst in Tinnum stand und 1954 nach Keitum versetzt wurde, weil er beim Flughafenausbau im Weg stand. Mittlerweile stehen die Gräber natürlich unter Denkmalschutz, für den allerdings erst 1958 die rechtlichen Voraussetzungen geschaffen wurden.

Das, was wir heute über die Grabhügel und ihre Funktion wissen, war den Syltern in früheren Zeiten nicht bekannt. Also reimte man sich selbst zusammen, was es mit den überdimensionalen Hügeln auf sich haben könnte, und nahm – auch dank der Erzählungen des Chronisten C.P. Hansen – an, in den Gräbern wären einst Riesen beerdigt

worden. So entstand der Begriff „Hünengrab".

## Archäologischer Lehrpfad

Wer noch mehr über die Geheimnisse der historischen Zeitzeugnisse erfahren möchte, sollte sich auf „hünen.KulTour" begeben. Dahinter verbergen sich drei spannende Wanderungen, die quer über die Insel zu mehr als 30 Grabstätten führen. Die jeweils rund 15 Kilometer langen Touren wurden vom Verein „Söl'ring Foriining" ausgearbeitet, der sich unter anderem um Brauchtumspflege und Denkmalschutz kümmert. Entlang der Strecken, die sich auch gut als Radtouren eignen, stehen interessante Infotafeln zur Entstehung und Geschichte der Gräber.

### INFORMATIONEN

hünen.KulTour,
Flyer bei der Kurverwaltung und dem Verein „Söl'ring Foriining" (http://soelring-foriining.de/denkmalschutz/)

# 18

# DUFTENDE INSELLIEBE

Die „Sylter Seifen Manufaktur“ am Morsumer Bahnhof verwandelt Algen, Heckenrosen und andere natürliche Zutaten von der Insel in duftende Seifenträume.

Wenn sich die Sonne tagelang nicht am Sylter Himmel blicken lässt, man nicht weiß, was grauer ist – die Wolken oder die Stimmung –, und die Sehnsucht nach dem nächsten Frühling immer größer wird, sollte man sich schleunigst auf den Weg nach Morsum machen. Hier betreiben Kirsten Deppe und ihre Tochter Valesca mit ihrer „Sylter Seifen Manufaktur“ ein kleines, duftendes Wohlfühlparadies, in dem man sich nicht nur glücklich shoppen, sondern auch glücklich schnuppern kann. Bereits beim Betreten des hübschen Ladens weht einem der frische, blumige Duft der handgesiedeten Seifen entgegen und lässt einen von Frühlingswiesen und Sonnenschein träumen. Dafür verantwortlich ist unter anderem die unverwechselbar duftende Sylter Heckenrosen-Seife, deren Blütenblätter am Morsum Kliff handgepflückt und

danach schonend zur Weiterverarbeitung in der Seifenküche getrocknet werden.

Bei der Herstellung der Seifen werden nur sorgfältig ausgewählte, hochwertige Inhalts- und Rohstoffe verwendet, darunter rückfettende Öle, die die Haut vorm Austrocknen schützen. Zudem enthält jedes der Seifenstücke, die übrigens allesamt Unikate sind, natürliche Zutaten direkt von der Insel: Ob Algen, geriebene Austernschalen, Sylter Meersalz, Morsumer Rapshonig oder Kaffee aus der Rantumer Rösterei – der Kreativität von Kirsten und Valesca Deppe sind keine Grenzen gesetzt.

In ihrer 2010 eröffneten Manufaktur verkaufen die beiden Insulanerinnen neben ihren handgefertigten Seifen auch Accessoires wie Kosmetiktaschen, Armbänder, Kerzen und natürlich Seifenschalen. Als Mitbringsel besonders beliebt ist die Seife in Sylt-Form, die fruchtig-frisch nach Grapefruit duftet, in friesischem Blau schimmert und wie alle anderen Seifen der Umwelt zuliebe nicht in Plastik, sondern in einer Papierschachtel verkauft wird: ein authentisches Stück Sylt, das definitiv nicht nur duftende Frühlingsgefühle ins heimische Badezimmer bringt, sondern auch jede Menge Inselliebe.

**INFORMATIONEN**

Sylter_Seifen_Manufaktur,
Bi Miiren 13, 25980 Sylt/Morsum,
Tel. (0 46 51) 4 60 99 77,
www.sylterseifen.de

19

# KÖNIGE UND KLABAUTERMÄNNER

Der Sylter Sagenwald ist ein Ort wie aus dem Märchenbuch, an dem man Gnome, Eierdiebe und Seeräuber treffen und dabei spielend jede Menge lernen kann.

Wenn das Sylter Wetter sich mal wieder von seiner kalt-grauen Seite zeigt und neben Nieselregen auch noch Nebel im Gepäck hat, dann ist der Tag perfekt, um in den Wald zu gehen, und zwar in den Sylter Sagenwald. Denn der hat mit rund 500 Metern die perfekte Länge, um während einer kurzen Regenpause mal schnell ein wenig frische Luft zu tanken, und bietet dank des dichten Blätterdachs der Bäume einen guten Schutz vor leichtem Regen. Und wenn der dann doch einmal zu stark wird, ist man ganz schnell wieder im trockenen Auto, das man am besten am öffentlichen Parkplatz „Osetal" abstellt.

Zudem kommt nur an einem richtigen Schietwettertag die perfekte Stimmung für die Sylter Sagen auf, die zumeist recht mystisch und gruselig sind. Dafür, dass es auch für die kleinsten Besucher des abwechslungsreichen Waldstücks nicht zu gruselig wird, sorgt Iris Ballhausen vom Wenningstedter Tourismus-Service. Sie ist nicht nur Mutter einer Tochter, der sie gerne Sagen vorliest, sondern quasi auch die Mutter des Sagenwalds, mit dem sie einen fantasievollen Ort schaffen wollte, an dem die Figuren und Geschichten aus der Inselvergangenheit lebendig werden. So entstand nach rund vier Jahren Planung in dem kleinen Wäldchen zwischen Wenningstedt und Kampen eine ganz eigene Welt voller Magie, die verständlich und kindgerecht von Zwergenkönigen, Eierdieben und Seeräubern erzählt.

An den mehr als zehn Erlebnisstationen, die sich jeweils einer bekannten Sage widmen, warten hochwertige Holzspielgeräte auf die kleinen Entdecker. Während diese auf Piratenschiffen toben, durch Kriechröhren robben oder ein Klangspiel ausprobieren, können sie sich von ihren Eltern oder großen Geschwistern die sagenhaften Geschichten vorlesen lassen, die auf den großen Infotafeln an den Spielstationen stehen.

Die Stationen können entweder auf eigene Faust erkundet werden oder aber im Rahmen einer der ebenso unterhaltsamen wie informativen Kinder-Führungen des Sylter Autors Frank Deppe. In Zusammenarbeit mit dem Kultur- und Heimatverein „Söl'ring Foriining" vermittelt er den kleinen (und natürlich auch großen) Teilnehmern ein Stück Inselgeschichte und lässt drollige Zwerge und Klabautermänner lebendig werden. Auf dem 90-minütigen Rundgang gibt es für die Kinder jede Menge gruselig-spannende Geschichten zu hören und für die Erwachsenen eine große Portion Lokalkolorit – und für alle zusammen eine informative Reise in die Sylter Geschichte, die einen die Außenwelt und das nasskalte Schmuddelwetter für eine Weile vergessen lässt.

Am Ende der Führung durch den magischen Wald sind die Kinder Nachwuchs-Experten, was die Vergangenheit der Insel und ihrer Bewohner angeht, und bekommen dafür die „Sylt-Auskenner-Urkunde" verliehen.

**INFORMATIONEN**

Sylter Sagenwald,
Kreuzung Osetal/
Norderstraße (Eingang),
25996 Wenningstedt-Braderup,
www.kampen.de/aktuelles/
sylter-sagenwald-in-kampen

20

# VON WIND UND WELLEN

Im 360-Grad-Kino des „Erlebniszentrums Naturgewalten“ unternimmt man eine faszinierende Reise über seine Lieblingsinsel – virtuelles Fliegen und Tauchen inklusive.

Ruhe gibt es in der Nebensaison auf Sylt jede Menge. Die sprichwörtliche Ruhe vor dem Sturm allerdings nicht – im Gegenteil. Wer die Insel im Herbst oder Winter besucht, sollte sich darauf einstellen, dass der Wind heftiger weht als an lauen Sommertagen und sich auch schon mal zu einer ausgewachsenen Sturmflut entwickeln kann. Wie diese entstehen und warum sie Sylt immer wieder so schwer treffen, erfahren Interessierte im Lister „Erlebniszentrum Naturgewalten". Die teils interaktiv gestalteten 1500 Quadratmeter der Ausstellung beschäftigen sich mit Natur- und Küstenschutz und allem, was das Leben auf Sylt ausmacht: Ebbe und Flut, Wind und Wellen sowie die vielfältige Tier- und Pflanzenwelt. Eines der Highlights, vor allem für Freunde der etwas raueren Zeit auf Sylt, ist der Windkanal. Wer sich bei Sturm bisher nicht aus seiner Urlaubsunterkunft getraut hat, kann hier – gesichert durch ein Geländer – hautnah erleben, wie dieser sich anfühlt.

Deutlich gemütlicher ist das 360-Grad-Kino, der „Syltdome". In bequemen Sesseln kann hier ganz entspannt Wind und Wetter getrotzt werden, während auf der riesigen kuppelförmigen Leinwand Schweinswale über die Köpfe der Besucher jagen und kreischende Möwen über sie hinwegfliegen. Der faszinierende Film „360-Grad-Sylt – eine Insel im Weltnaturerbe Wattenmeer" lässt einen für 45 Minuten vergessen, dass man in einem Kino sitzt, denn gefühlt taucht man mit Robben, gräbt sich mit Wattwürmern durch den Meeresboden und fliegt über das beeindruckende Morsum Kliff. Ganz ohne erhobenen Zeigefinger wollen die Filmemacher den Zuschauern vermitteln, wie wichtig es ist, die Sylter Natur zu schützen. Und das mit Erfolg, denn wer die Insel erst einmal durch die Augen von Würmern, Walen oder anderen tierischen Bewohnern gesehen hat, der weiß, wie wichtig es ist, deren Lebensraum – und damit seine Lieblingsinsel – zu schützen.

INFORMATIONEN

Syltdome_und Erlebniszentrum_Naturgewalten,
Hafenstraße 37, 25992 List,
Tel. (0 46 51) 83 61 90,
www.naturgewalten-sylt.de,
www.syltdome.de

21

# FRÖHLICH BUNTE KUNSTWELT

Die „Galerie Mensing" in der Westerländer Friedrichstraße ist mit ihren bunten Bildern und Skulpturen ein Garant für beste Stimmung – auch bei Schietwetter.

Verregnet, trüb und grau. Wenn das Wetter auf Sylt sich mal nicht von seiner Schokoladenseite zeigt und der Goldene Oktober oder die ersten frühlingshaften Sonnenstrahlen auf sich warten lassen, sollte man sich auf den Weg zur „Galerie Mensing" machen. Hier empfängt die Besucher eine farbenfrohe Gute-Laune-Welt, die jede noch so miese Schlechtwetter-Stimmung direkt beim Betreten vertreibt. Knallige Pop-Art-Bilder, großformatige Sylt-Fotografien, ausgefallene Skulpturen – hier ist alles bunt. Und schön. So schön, dass man am liebsten alles mit nach Hause nehmen möchte, um immer ein Stück Sylt in seinen vier Wänden zu haben. Denn genau darauf ist die „Galerie Mensing" in Westerland spezialisiert: Sylt-Motive. Die gibt es in den hellen Galerie-Räumen, die sich im ehemaligen Traditionshotel „Seeburg" befinden, haufenweise zu entdecken. Ob von den gefeierten Pop-Art-Künstlern Tom Boston und Charles Fazzino oder ein wenig zurückhaltender als riesige Schwarz-Weiß-Fotografie oder als klassisches Ölgemälde – hier gibt es alles zu kaufen und alles anzuschauen. Denn das ist ausdrücklich erwünscht. Daher finden auch regelmäßig Sonderausstellungen oder Live-Events mit bekannten Künstlern statt, die ihre Liebe zur Insel in ihren Werken verewigen.

Direkt nebenan in der zur Galerie gehörigen „Icery" gibt es Kalorien statt Kunst – und die sind hier fast ebenso bunt wie die ausgestellten Bilder. Aus über 50 leckeren Zutaten kann man sich hier seinen ganz persönlichen „Crazy Cup" zusammenstellen, dessen Grundlage entweder cremiges Vanilleeis oder erfrischender Frozen Yogurt ist. Dazu gibt es verschiedene Soßen und obendrauf jede Menge Toppings wie Zuckerstreusel, Marshmallows, Kekse und Schokolinsen sowie süßes oder saures Fruchtgummi. Außerdem werden warmer Milchreis und Waffeln in Sylt-Form angeboten – allerdings nicht von Mitte November bis zum Frühjahr, denn dann hat die Icery Betriebsferien.

**INFORMATIONEN**

Galerie Mensing,
Friedrichstraße 42,
25980 Sylt/Westerland,
Tel. (0 46 51) 8 86 20 54,
www.galerie-mensing.de/sylt

22

# STUMME ZEITZEUGEN

**Die elf Sylter Kirchen sind gerade in den ruhigeren Jahreszeiten Orte voller Stille und Besinnlichkeit. Aber auch Orte, die spannende Geschichten erzählen und ihre Besucher mitnehmen auf eine Reise in die bewegte Inselvergangenheit.**

Die Kirchen auf Sylt sind so unterschiedlich wie die Insel selbst – von der alten Seefahrerkirche über die dänische Stallkirche bis hin zur modernen Kirche St. Christophorus mitten in Westerland (Elisabethstraße 23). Diese im Jahr 2000 eingeweihte und somit neueste der Sylter Kirchen lohnt nicht nur wegen ihrer besonderen halbovalen Bauweise und des frei stehenden dreieckigen Glockenturms, sondern auch wegen des benachbarten „Friedhofs der Heimatlosen". Dort fanden bis 1905 die an die Strände gespülten Opfer von Schiffsunglücken ihre letzte Ruhestätte. Da man von ihnen weder wusste, wie sie hießen, noch, woher sie stammten, sind auf den 53 schlichten Holzkreuzen lediglich Ort und Datum vermerkt, an denen sie gefunden wurden.

## Kirchen ohne Türme und eine Kirche im Stall

Einen etwa 20-minütigen Spaziergang entfernt, im schönen Alt-Westerland (Kirchenweg 37), befindet sich eine weitere Sylter Kirche, die man nicht verpassen sollte: St. Niels. Rund um das 1637 geweihte Gotteshaus, das als ältestes Gebäude der Insel gilt und von den Syltern liebevoll „Dorfkirche“ genannt wird, scheint die Zeit ein wenig stehen geblieben zu sein. Sehenswert sind vor allem der spätgotische Schnitzaltar und der beeindruckende Kronleuchter. Aber auch ein Bummel durch die dörfliche Umgebung mit ihren denkmalgeschützten Reetdachhäusern und den alten Bäumen verspricht jede Menge Ruhe und Entschleunigung.

Gleich um die Ecke liegt die wahrscheinlich ungewöhnlichste Kirche Sylts, die Dänische Stallkirche (Rosenweg 5), die den rund 1500 auf der Insel lebenden Dänen als Gotteshaus und Treffpunkt dient. Wie der Name vermuten lässt, wurde die Kirche tatsächlich in einem alten Stall errichtet und 1976 eingeweiht. Dort findet jeden letzten Sonntag im Monat ein dänisch-deutscher Gottesdienst statt, bei dem Gäste herzlich willkommen sind. Seit 1993 verfügt die Stallkirche auch über eine Orgel, drei Jahre später wurde neben dem Gebäude ein kleines Holzgerüst für die Glocke, ein sogenannter Glockenstapel, gebaut. Dieser dient als Ersatz für den nicht vorhandenen Kirchturm.

Ein solcher fehlt auch der einzigen Reetdachkirche der Insel, St. Peter in Rantum (Stiindeelke 7). Ihr Vorgängerbau stand nicht wie St. Peter mitten im Dorf, sondern näher am Meer und musste aufgrund von Sturmfluten und wandernden Sanddünen in früheren Zeiten etwa alle 100 Jahre neu errichtet werden. Das Gerücht, dass 1801 die Besucher des Gottesdienstes durchs Fenster einsteigen mussten, weil die Kirche fast vollständig von Sand verschüttet war, hält sich bis heute hartnäckig. Die neue Rantumer Kirche besticht durch ihre besondere friesische Architektur und die gemütliche Atmosphäre im Inneren.

22

## Gotteshäuser mit maritimem Flair

Im Süden der Insel, in Hörnum, steht die moderne Kirche St. Thomas (Hangstraße 38), die mit ihrer eigenwilligen Form an ein strahlend weißes Segelboot erinnert. Im Inneren ist sie zwar eher schlicht eingerichtet, versprüht aber trotzdem jede Menge maritimen Charme – vor allem durch die Holzdecke und den Lichtertisch, der mit Sand und Muscheln dekoriert ist und dessen Form an Nordseewellen erinnert.

Eine der ältesten Kirchen der Insel ist St. Martin in Morsum (Haawerlön 1). Wer sie anhand ihres Kirchturms im Dorf finden möchte, kann lange suchen. Denn auch St. Martin hat „nur" einen hölzernen Glockenstapel, aber keinen Turm und wirkt dadurch auf den ersten Blick etwas unvollendet. Die Glocke von 1767 wird bis heute noch per Hand geläutet. Dank der intimen und gemütlichen Atmosphäre im Inneren verspricht ein Besuch der kleinen Kirche viel Ruhe, Muße und Besinnlichkeit.

Etwas weniger besinnlich geht es in der Kirche St. Severin (Pröstwai 20) im Nachbarort Keitum zu – zumindest dann, wenn sich dort wieder einmal ein Promi wie Guido-Maria Kretschmer oder ein Politiker wie Christian Lindner das Ja-Wort gibt. Verpassen sollte man St. Severin aber trotzdem auf keinen Fall, denn die Kirche blickt auf eine spannende Vergangenheit zurück. So diente ihr Turm vor dem Bau der Sylter Leuchttürme den Kapitänen tagsüber als Seezeichen und Orientierungspunkt und wurde zudem bis 1803 als Insel-Gefängnis genutzt. Besonders sehenswert sind der über 800 Jahre alte Taufstein und der mit Schnitzereien verzierte spätgotische Altar aus dem Jahr 1480. Außerdem der sogenannte Müllerstuhl, der aussieht wie ein Beichtstuhl, vielmehr aber im 18. Jahrhundert einer reichen Munkmarscher Müller-Familie als fester Sitzplatz, also quasi als Stammplatz, diente.

**Extratipp:** Mehr über die Sylter Kirchen und ihre Vergangenheit erfährt man bei den Kirchenführungen, die die Touristinformationen der einzelnen Gemeinden und teilweise auch die Kirchen selbst regelmäßig anbieten.

### INFORMATIONEN

Infos zu allen Sylter Kirchen und besonderen Gottesdiensten: www.insel-sylt.de/kirchen-auf-sylt

23

# GOTTES WOHNZIMMER AUF SYLT

Die Friesenkapelle in Wenningstedt versprüht jede Menge Friesencharme und maritimen Flair – und lädt zu Kirchenkonzerten der besonderen Art ein.

Die friesischste aller Sylter Kirchen steht in Wenningstedt, gleich neben dem Dorfteich, in dem einst Vieh getränkt und Wäsche gewaschen wurde. Ein Besuch der kleinen Kapelle lohnt vor allem in der Adventszeit, wenn die Kerzen am Weihnachtsbaum neben dem Altar mit den Augen der Gottesdienstbesucher um die Wette leuchten. Denn in den Wochen vor Heiligabend sind die Messen hier besonders schön und besonders friesisch – vor allem dann, wenn sie mit musikalischer Unterstützung des Sylter Shanty-Chors stattfinden.

Musikalisch geht es am Dorfteich allerdings nicht nur in der Weihnachtszeit zu, denn das ganze Jahr über finden hier Konzerte statt – von Boogie über Gospel bis hin zu Tribute-Konzerten mit Liedern von Udo Jürgens, Johnny-Cash oder den Beatles.
Aber auch wenn gerade kein Gottesdienst oder keine der zahlreichen Veranstaltungen anstehen, sollte man an der Friesenkapelle nicht vorbeigehen, denn dann würde man einiges verpassen. Wie etwa das „Vaterunser" auf Friesisch, das in goldener Schrift als Kurzfassung auf einem Spruchband an der Decke prangt, oder die blau-weißen Delfter Fliesen und die Friesenbank neben dem Altar, die der Kirche eine gemütliche Atmosphäre verleihen. Nicht umsonst nennen die Gemeindemitglieder ihre Kapelle liebevoll „Wohnzimmer Gottes", denn mit dem hölzernen Kerzenschiff nach Wikinger-Vorbild und den vielen maritimen Details erinnert die Kapelle tatsächlich an eine heimelige Friesenstube. Und zwar eine, die einiges zu erzählen hat: zum Beispiel, dass der große Messing-Kronleuchter eine originalgetreue Nachbildung des Leuchters von St. Martin in Morsum ist, die sich einst ein Gast für seine Sommerresidenz hat anfertigen lassen. Später vermachte er den Leuchter dann der Friesenkapelle, die zu den jüngsten Kirchen der Insel gehört. Ihr Grundstein wurde erst 1914 gelegt, ein Jahr später wurde sie eingeweiht – nach weniger als 12 Monaten Bauzeit.

**INFORMATIONEN**
Friesenkapelle,
Bi Kiar 9,
25996 Wenningstedt-Braderup,
Tel. (0 46 51) 8 36 29 64,
www.friesenkapelle.de

24

# TINNUMER KERZENPARADIES

**Kerzen und handgemachte Weihnachtsgeschenke gibt es bei den „Sylter Werkstätten“ - und mit dem Kauf tut man sogar noch etwas Gutes.**

Winterzeit ist Kerzenzeit und die schönsten der stimmungsvollen Lichtquellen gibt es in Tinnum, genauer gesagt, in den „Sylter Werkstätten“. Hier arbeiten Menschen mit körperlichen und geistigen Einschränkungen und stellen all die schönen Dinge, die es vor Ort zu kaufen gibt, in liebevoller Handarbeit her. Wer in der Adventszeit auf Sylt ist, sollte unbedingt einen Abstecher in den Manufakturladen am Flughafen machen. Denn neben großen und kleinen, dicken und dünnen, bunt verzierten und schlichten Kerzen kann man hier auch noch das ein oder andere Weihnachtsgeschenk für seine Liebsten kaufen. Damit macht man nicht nur die Beschenkten glücklich, sondern auch die Menschen der „Sylter Werkstätten", die sich immer über nette Besucher und über Interesse an ihrer Arbeit freuen.

Dank der „Sylter Werkstätten" können sie am Arbeitsleben und an der Gesellschaft teilhaben, sich weiterbilden und etwas mit ihren Händen schaffen, das anderen Freude bereitet. So wie ihre Kerzen, die sie täglich in unzähligen Farben und Variationen anfertigen und mit denen man sich ein kleines Stück Sylt nach Hause holen kann, denn die Kerzen gibt es natürlich auch mit Insel-Motiven. Rund zweieinhalb Tonnen Wachs werden hier jedes Jahr verarbeitet, wie daraus eine Kerze, zum Beispiel die beliebte Kerze in Weihnachtsbaumform, entsteht, führen die Manufakturmitarbeiter gerne vor.

Daneben gibt es einzigartige handgemachte Geschenkideen wie selbst gemischte Müslis in Bioqualität oder Konfitüren, die mit Lavendel, Rosmarin, Sylter Algen und anderen besonderen Zutaten verfeinert werden. Außerdem kann man bei den „Sylter Werkstätten" Kaffee kaufen und im Büchercontainer vor dem Haupteingang in gebrauchten Krimis und Romanen sowie CDs und DVDs stöbern. Und natürlich lohnt sich ein Besuch auch außerhalb der Weihnachtszeit, denn in der Manufaktur werden auch hübsche Osterkerzen hergestellt. Und Frühlingskerzen, Gartenkerzen, Stabkerzen, Duftkerzen und, und, und ...

**INFORMATIONEN**

Sylter Werkstätten,
Zum Fliegerhorst 33,
25980 Sylt/Tinnum,
Tel. (0 46 51) 8 86 37 00,
www.sylter-werkstaetten.de

25

# EIN MUSS FÜR FRIESENFANS

**Die beiden Museen im Kapitänsdorf Keitum lassen die Sylter Geschichte wieder lebendig werden und laden zu einer spannenden Zeitreise ein.**

Eigentlich ist Keitum selbst so etwas wie ein großes Museum, durch das man stundenlang bummeln und in vergangene Zeiten voller Seefahrerromantik eintauchen kann – zumindest, wenn es nicht regnet. Falls doch, bieten das „Altfriesische Haus" und das „Sylt Museum" eine spannende – und trockene – Alternative für alle, die sich für die bewegte Inselvergangenheit interessieren. Und das Beste: Die beiden Museen liegen nur rund 100 Meter voneinander entfernt, sodass man auch bei Dauerregen (fast) trockenen Fußes von einem Gebäude ins andere kommt.

Das „Altfriesische Haus“ wurde 1739 gebaut und nimmt die Besucher mit auf eine Reise ins Sylt des 18. und 19. Jahrhunderts, in eine Zeit, als die Insulaner noch vom Walfang lebten und ihre Häuser mit Heidekraut und Schafmist heizten. In dem reetgedeckten Gebäude wird die Sylter Wohnkultur von damals dank original erhaltener Möbel und Alltagsgegenstände so anschaulich erlebbar wie an keinem anderen Ort auf der Insel. Neben den typischen, nur etwa 1,60 Meter langen Alkovenbetten, in denen man mehr saß als lag, gibt es auch die gute Stube der alten Friesen, den sogenannten Pesel, zu sehen. Dieser war aufwendig dekoriert und eingerichtet und wurde für Familienfeiern, aber auch zur Aufbewahrung der Toten bis zu deren Beerdigung genutzt. Zudem können Besucher auch eine wunderschön geflieste Friesenküche und eine Kellerkammer besichtigen, die von den Frauen vor allem für Handarbeiten genutzt wurde.

Ein paar Häuser weiter betritt man das „Sylt Museum“ durch die riesigen Unterkieferknochen eines Finnwals. Gezeigt werden hier historische Fotos und Dokumente, aber auch alte Trachten und Alltagsgegenstände. Im Dachgeschoss ist eine Dauerausstellung über die berühmte Ausdruckstänzerin Valeska Gerd (1892–1978) untergebracht, die die skurrile Atmosphäre ihrer legendären Kampener Bar „Ziegenstall“ wieder lebendig werden lässt.

INFORMATIONEN

Altfriesisches Haus,
Am Kliff 13, 25980 Sylt/Keitum,

Sylt Museum,
Am Kliff 19, 25980 Sylt/Keitum,

https://soelring-museen.de

26

# SCHNEIDEN UND SCHNACKEN

**Kaffee oder Kopfmassage? Strähnchen oder Sektchen? Bei „SALONFAEHIG“ in Tinnum gibt's beides und dazu jede Menge gemütliche Geselligkeit.**

Sylt in der Nebensaison, das bedeutet viel Ruhe und Zeit, um Orte auf der Insel zu entdecken, die man in einem vollgepackten Sommerurlaub wahrscheinlich nicht unbedingt auf seiner Liste hat. So wie Tinnum. Das ist vielleicht nicht ganz so hübsch wie Keitum, nicht annähernd so exklusiv wie Kampen – und am Meer liegt es auch nicht. Dafür gibt es hier mit dem „SALONFAEHIG“ den wahrscheinlich coolsten und außergewöhnlichsten Friseurladen der ganzen Insel – und für den lohnt sich jeder noch so weite Weg nach Tinnum.

Mit ihrem innovativen Konzept, einer Mischung aus Friseursalon und Bar, leben

Marie-Adine und ihr Mann Holger ihren ganz persönlichen Traum – und der besteht aus ein wenig Rock-'n'-Roll-Style, ganz viel Retro-Liebe und noch mehr authentischer Herzlichkeit. Wer ihren Salon betritt, vergisst nicht nur ganz schnell, dass er sich mitten auf Sylt und nicht in einer angesagten Großstadt befindet, sondern fühlt sich auch direkt willkommen. Ob zum Waschen, Schneiden, Föhnen oder um als Gast der „frisierBAR" eine Weinschorle oder ein Heineken zu trinken oder bei einem Kaffee in entspannter Atmosphäre die Zeit zu vergessen – bei „SALONFAEHIG" in Tinnum ist es immer nett. Erst recht, wenn draußen weder Strandwetter noch Sommerstimmung herrschen und man sich ganz viel Zeit nehmen kann, es sich hier gut gehen zu lassen.

Dafür sorgt das nette Team, das sein Handwerk nicht nur versteht, sondern auch liebt und sich viel Zeit für seine Kunden und deren Wünsche nimmt. Gearbeitet wird in dem zertifizierten ECO-Salon, der übrigens $CO_2$-neutral ist, ausschließlich mit nachhaltigen Produkten und auch die individuelle Einrichtung besteht überwiegend aus recycelten Möbeln und Deko-Objekten, die hier ein neues Zuhause gefunden haben. Dieses neue Zuhause ist zwar total hip und stylisch, dabei aber auch wahnsinnig einladend und gemütlich – eben die perfekte Mischung aus herzlichem Service, kreativer Handwerkskunst und coolem Erlebnis, wie man es nur in Tinnum findet.

INFORMATIONEN

SALONFAEHIG/frisierBAR,
Keitumer Landstraße 12,
25980 Sylt/Tinnum,
Tel. (0 46 51) 4 49 35 84,
www.salonfaehig-sylt.de

27

# SIGHTSEEING MIT CHAUFFEUR

**Wenn das Wetter mal nicht zu Entdeckungstouren per Rad oder zu Fuß einlädt, sind die Rundfahrten mit den blauen Inselbussen eine perfekte Alternative.**

Eine warme und trockene Möglichkeit, Sylt in der Nebensaison kennenzulernen und (fast) jeden der 99 Quadratkilometer zu entdecken, sind die Inselrundfahrten mit den Bussen der SVG Sylter Verkehrsgesellschaft. Auf den mehrstündigen Touren kann man im wahrsten Sinne des Wortes erfahren, was die Insel alles zu bieten hat: Ob Wanderdünen oder Weinanbau, ob Kapitänsgeschichten oder Künstlervergangenheit – die Fahrer der blauen Rundfahrtbusse wissen alles und noch sehr viel mehr über ihre Insel. Auch das, was in keinem Reiseführer steht. Während der Tour unterhalten sie ihre Gäste mit interessanten geschichtlichen Fakten, altem Seemannsgarn und witzigen Anekdoten.

Vor allem für Insel-Neulinge sind die Rundfahrten eine gute Alternative, wenn eine Erkundung auf eigene Faust nicht möglich ist, weil es mal wieder regnet, stürmt oder schneit – oder aber alles zusammen. Aber auch Sylt-Kenner werden sicher noch einige unbekannte Lieblingsplätze entdecken.

Zur Wahl stehen eine kleine, etwa zweistündige Rundfahrt und eine große, die etwas über drei Stunden dauert und das ganze Jahr über angeboten wird. Los geht's am Bahnhof in Westerland, wo man im Pavillon der SVG auch meist noch spontan Tickets bekommt. Über Wenningstedt und Kampen führt die Tour vorbei an den einzigen Wanderdünen Deutschlands am Ortseingang List. Nach einem kurzen Stopp im nördlichsten Inselort geht es durch Braderup, Munkmarsch, Keitum und Tinnum weiter bis ganz in den Süden nach Rantum und Hörnum – also tatsächlich einmal quer über die Insel. Bei der kleinen, kürzeren Rundfahrt, die allerdings nur von März bis November angeboten wird, werden bis auf die beiden südlichen Inseldörfer ebenfalls alle Sylter Ortschaften angesteuert. Egal, ob die kürzere oder längere Route, auf beiden gibt es völlig wetterunabhängig jede Menge zu entdecken und vom persönlichen Chauffeur einiges zu erfahren – immer unterhaltsam und manchmal sogar auf Friesisch.

**INFORMATIONEN**

Inselrundfahrten,
Start Bahnhof Westerland,
25980 Sylt/Westerland,
www.svg-busreisen.de/angebote/inselrundfahrten

28

# ZU FUSS ÜBER DIE INSEL

In der Nebensaison scheinen die Uhren auf Sylt etwas langsamer zu ticken: perfekt, um bei ausgedehnten Spaziergängen die verschiedenen Facetten der Insel in aller Ruhe kennenzulernen.

Zwar gilt Sylt als Paradies für Radfahrer, aber auch wer lieber zu Fuß als auf zwei Rädern unterwegs ist, hat dank schöner Spazierwege und abwechslungsreicher Touren jede Menge Möglichkeiten, die Insel zu erkunden.

## Naturgewalten erleben: rund um die Hörnum Odde

Vor allem im Herbst und Winter ist die Umrundung der sturmumtosten Sylter Südspitze, die offizielle „Hörnum Odde“ heißt, ein ganz besonderes Erlebnis. Zum einen, weil es hier schöne Strände und einen tollen Blick auf die Nachbarinseln Föhr und Amrum gibt, zum anderen, weil bei einem Spaziergang an der Odde die Vergänglichkeit Sylts deutlich wird. Denn hier treffen die Sturmfluten die Insel besonders hart und machen ihr südliches Ende jedes Jahr ein Stückchen schmaler. Allein durch den 2013 wütenden Orkan Xaver wurde die Insel an dieser Stelle – trotz intensiven Schutzmaßnahmen und Sandaufspülungen – rund 40 Meter schmaler.

Dauerte es vor ein paar Jahren noch etwa zweieinhalb Stunden, um einmal um die Odde zu laufen, so schafft man die Umrundung mittlerweile in knapp einer Stunde. Start und Ziel sind der Hörnumer Hafen, wo man parken und sich am Imbiss mit einem Fischbrötchen oder Waffeln für den bevorstehenden Spaziergang stärken kann. Vielleicht begegnet einem dort auch Sylts berühmteste Robbe, die auf den Namen Sylta hört und seit einigen Jahren immer mal wieder im Hafenbecken vorbeischaut – in der Hoffnung, etwas Fisch abzustauben, den es für sie im Imbiss zum Sonderpreis gibt.

Von der Hafenpromenade aus gelangt man zum ruhigen Strand, an dessen Flutsaum entlang es immer weiter Richtung südlichste Stelle geht. Dabei kommt man am rotweißen Leuchtturm vorbei, der von Anfang April bis Ende Oktober besichtigt werden kann (Tickets über www.hoernum.de). Nach einer Weile erreicht man dann die Südspitze, an der das ruhige Wattenmeer und die wilde Nordsee aufeinandertreffen und vor der mit etwas Glück nicht nur Kegelrobben, sondern auch die seltenen Schweinswale beobachtet werden können. Nun kann man entweder noch ein Stück weiter am Strand entlanglaufen oder aber man nimmt einen der befestigten Dünenwege zurück in den Ort und zum Hafen, den man dank des Leuchtturms gar nicht verfehlen kann.

## Nördlicher geht's nicht: „Lister Ausblicke“

Am anderen Ende der Insel in List, dem nördlichsten Ort Deutschlands, gibt es ebenfalls einen lohnenswerten Spaziergang, dessen Name „Lister Ausblicke“ einiges verspricht und tatsächlich auch hält: Auf rund 7,5 Kilometern hat man immer wieder einen atemberaubenden Blick auf einige der schönsten Plätze Sylts wie den Ellenbogen, den Königshafen und die Wanderdüne. Die Tour, die einmal um den Ortskern herumführt, beginnt und endet an der Kurverwaltung (Landwehrdeich 1).

Von der Kurverwaltung aus gelangt man nach der Überquerung der Dünenstraße über einen Holztreppenweg in die Dünen. Diesem folgt man, vorbei an alten Bunkeranlagen, bis zur Straße „Süderhörn“. Auf dieser geht es geradeaus weiter bis zur Listlandstraße. Quert man diese, kommt man über das Frischwassertal zur Lister Oststrand Promenade, von wo aus sich einem ein weiter Blick über das Wattenmeer bietet. Auf der Promenade hält man sich links und kommt dann automatisch zum Hafen, von dem aus die Fähre nach Dänemark startet, die man während des Spaziergangs beim An- und Ablegen beobachten kann.

Durch den Hafen geht es weiter zur Nordpromenade, die rechts am „Erlebniszentrum Naturgewalten“ vorbei bis zum asphaltierten Deichweg führt. Von hier aus hat man immer wieder einen tollen Blick auf die Halbinsel Ellenbogen, die den nördlichsten Punkt Deutschlands markiert. Nach einiger Zeit erreicht man den Aussichtspunkt Königshafen, eine kleine Haltebucht neben der

28

Mövenbergstraße, die ab hier parallel zum Deichweg führt. Dieser quert am Ende die Mövenbergstraße, der man weiter durch die wunderschöne Dünenlandschaft folgen muss, um zum Highlight des Spaziergangs zu gelangen – dem Aussichtspunkt Dünenbalkon.

Die Plattform, auf die eine Holztreppe führt, befindet sich rechts vom Dünenweg und bietet einen einzigartigen Blick auf die Sylter Wanderdünen. Hat man sich daran sattgesehen und genug Fotos von den einzigen Wanderdünen Deutschlands gemacht, kommt man auf dem Dünenweg zum Ortseingang List und von dort der Mövenbergstraße folgend zum Ausgangspunkt des etwa zweistündigen Spaziergangs.

## Kulturspaziergang: auf den Spuren der Kampener Künstler

Wer sowohl Lust auf einen Spaziergang als auch auf etwas Kultur hat, der kommt auf Sylt ebenfalls auf seine Kosten – genauer gesagt in Kampen, das Anfang des 20. Jahrhunderts Treffpunkt bekannter Künstler war. Ihnen ist der Kampener Kunst- und Kulturpfad gewidmet – eine Hommage an 40 Kunst- und Kulturschaffende, die hier einst gelebt und gewirkt haben. Möchte man mehr über Künstler wie Max Frisch, Thomas Mann oder Gerhart Hauptmann und ihren Bezug zu Kampen erfahren, so hat man gleich mehrere Möglichkeiten:

Entweder man unternimmt auf eigene Faust einen Spaziergang durch den Ort und hält dabei Ausschau nach den auffälligen Bronze-Stelen, die an für die Künstler bedeutenden Plätzen stehen. Sie bieten interessante Hintergrundinformationen zu den jeweiligen Persönlichkeiten und sind definitiv nicht zu übersehen. Wer lieber auf Nummer sicher geht, dass er nichts verpasst, kann sich beim Tourismus-Service Kampen ein Handbuch zum Künstler-Spaziergang mit Übersichtskarte, Wegbeschreibung und Kurzbiographien kaufen oder einer der Führungen anschließen, die regelmäßig angeboten werden.

### INFORMATIONEN

Kunst- und Kulturpfad
Informationen und Führungen:
Tourismus-Service Kampen,
Hauptstraße 12, 25999 Kampen,
www.kampen.de

29

# WARTEN AUF DEN WIND

Ums Drachensteigenlassen kommt man im Herbst auf Sylt kaum herum – dafür sorgen nicht nur beste Windbedingungen, sondern auch die Westerländer „Drachenhöhle“.

Betritt man die „Drachenhöhle“, die sich in einem ruhigen Hinterhof an der Friedrichstraße befindet, dann wünscht man sich nur noch eines: eine richtig schöne Sylter Herbstbrise. Denn ohne die würde all das, was es in dem 60 Quadratmeter großen Laden gibt, weder Sinn noch Spaß machen. Seit über 30 Jahren verkaufen Beate und Wolfgang Jörgensen in ihrem bunten Drachenparadies alles, was fliegen, gleiten und steigen kann – die ebenso herzliche wie kompetente Beratung gibt’s gratis dazu.

Vor allem Drachenanfänger sollten diese nutzen und sich über das passende Modell und die richtige Technik informieren, damit aus dem großen Spaß kein kurzes Vergnügen wird. Für Anfänger und Kinder eignet sich am besten ein sogenannter Einleiner, der, wie der Name schon sagt, nur eine Leine hat und daher relativ einfach zu fliegen ist. Ein weiterer Vorteil ist, dass er auch bei wenig Wind abhebt – falls die Sylter Brise mal ausnahmsweise nicht ganz so steif daherkommt. Neben Anfängermodellen in unzähligen Farb- und Designvariationen gibt es bei den Jörgensens natürlich auch Modelle für Fortgeschrittene wie Lenkdrachen, Flugmatten oder Sportkites.

Hat man das perfekte Modell gefunden, braucht man nur noch den perfekten Drachenwind. Der kommt aus westlicher Richtung, also vom Meer, und lässt in den Herbst- und Wintermonaten meistens nicht allzu lange auf sich warten. Ein weiterer Vorteil der ruhigeren Jahreszeiten ist es, dass am Strand nicht ganz so viel Betrieb herrscht und das Drachensteigenlassen nicht wie in der Hauptsaison erst nach 17 Uhr erlaubt ist. Trotzdem sollten gerade Anfänger unbedingt darauf achten, genug Abstand von Menschen und Strandkörben zu halten, um sich nicht mit der Schnur zu verheddern oder beim Landen jemanden zu verletzen. Am besten fliegt man also morgens oder abends abseits der Hauptstrände – dann hat man auch weniger Zuschauer, falls die ersten Flugversuche nicht ganz so klappen wollen wie erhofft.

**INFORMATIONEN**

Drachenhöhle,
Friedrichstraße 6,
25980 Sylt/Westerland,
Tel. (0 46 51) 92 97 90,
www.drachenhoehle-sylt.de

30

# WESTERLÄNDER COCKTAIL-KUNST

**Warme Farben, kühle Drinks und eine angenehm entspannte Atmosphäre: „Hardy's Bar" mitten in Westerland verspricht lange, unvergessliche Insel-Abende.**

Wer „Hardy's Bar" besucht, sollte dies am besten an einem Abend tun, auf den ein typischer Sylter Schietwetter-Tag folgt. Denn die Abende in der Westerländer Cocktail-Bar sind nicht nur besonders schön, sondern meistens auch besonders lang – perfekt, wenn einen dann am nächsten Morgen nichts als Wind und Regen erwartet und man somit die beste Ausrede hat, mal in aller Ruhe auszuschlafen.

Betritt man die Bar im traditionsreichen „Hotel Stadt Hamburg", spürt man sofort, warum diese gerne liebevoll „Westerländer

Wohnzimmer“ genannt wird, denn hier ist jeder herzlich willkommen – ausdrücklich auch Nicht-Hotelgäste. Und auch von den Syltern wird die Bar im Herzen der Inselmetropole geliebt, nicht nur wegen ihrer hervorragenden Cocktails, sondern auch wegen der ebenso herzlichen wie entspannten Atmosphäre: gedämpftes Licht, warme Farben, gemütliche Sitzecken und eine bunt beleuchtete Bar mit kunstvoll aufgereihten Flaschen in allen Formen und Farben. Aus diesen zaubert das Bar-Team beliebte Klassiker, moderne Interpretationen und neue Kreationen wie den preisgekrönten Gin-Cocktail „A Taste of Seaside“, der mit Sylter Honig und Meersalz verfeinert und mit einem Schälchen Schüttelbrot serviert wird.

Die umfangreiche Barkarte, in der man unter anderem fast 20 Gin-Sorten aus aller Welt findet, hält außerdem zu (fast) jedem Drink interessante Hintergrundinfos bereit. So erfährt man zum Beispiel, dass Otto Waalkes und Frank Sinatra die Liebe zum Whiskey vereint oder dass der „Pimm’s Cup“ bereits 1840 erfunden wurde und seit über 50 Jahren beim Wimbledon-Turnier angeboten wird.

Daneben gibt es in „Hardy’s Bar“ natürlich auch eine große Auswahl an alkoholfreien Cocktails mit so ausgefallenen Zutaten wie Ginger-Beer, Rosmarin-Sirup oder Basilikum-Limonade – für den Fall, dass die Wettervorhersage Sonnenschein verspricht und sich das Ausschlafen somit erledigt hat.

**INFORMATIONEN**

Hardy’s_Bar,
Hotel Stadt Hamburg,
Strandstraße 2,
25980 Sylt/Westerland,
Tel. (0 46 51) 85 80,
https://hardys.hotelstadthamburg.com

31

# NORDSEE TRIFFT TROPEN

Im Aquarium hinter den Westerländer Dünen kann man nicht nur die Zeit vergessen, sondern auch, dass man sich an der stürmisch-grauen Nordsee befindet.

Wenn auf Sylt jemand die Ruhe weg und alle Zeit der Welt hat, dann sind das die Rochen im Westerländer Aquarium. Ganz gemächlich ziehen die imposanten Tiere im großen Tropenbecken ihre Bahnen – sie dabei zu beobachten hat fast schon etwas Meditatives. Kombiniert mit der angenehmen Wärme und der Nebensaisonruhe im Aquarium ist ein Besuch bei den Sylter Fischen ein schönes Wohlfühlerlebnis, wenn es draußen mal wieder stürmt und regnet.

Bei den Leoparden-Stechrochen und ihren tropischen Mitbewohnern, zu denen bunte Fische, farbenfrohe Anemonen, aber auch beeindruckend große Kraken gehören, erinnert sowieso nichts mehr an graues Schietwetter und kalte Nordsee. Deren tierische Bewohner, darunter Einsiedlerkrebse, Steinbutte und Katzenhaie, haben ihr neues Zuhause in den 18 Becken des Nordsee-Aquariums gefunden – und zwar ebenso wie auch alle anderen der über 1000

Tiere in zugeleitetem Sylter Meerwasser. Dieses wird gefiltert und bietet den Tieren dank seines Salzgehalts einen natürlichen Lebensraum.

Zu den Highlights der Unterwasserwelt gehören die beiden großen Panoramatunnel, die unter anderem durch ein riesiges Becken voller majestätisch gleitender Zebrahaie und bis zu zwei Meter großen Kuhnasenrochen führen. Diese und auch die anderen Aquariumbewohner werden täglich um 15 Uhr gefüttert – und das sollte man sich keinesfalls entgehen lassen. Denn dann verlassen selbst die perfekt getarnten – und daher zumeist unsichtbaren – Steinbutte ihre Verstecke und die großen Kraken versuchen, gleich mit mehreren Tentakeln an Futter zu gelangen.

Für den eigenen Hunger hält das Restaurant des Aquariums leckere Pizza und Pasta bereit, dazu gibt's einen tollen Spielplatz mit Bobby-Car-Bahn, ein kleines Kino mit wechselnden Filmen zu Meeresthemen und einen Shop – perfekte Voraussetzungen, um hier einen ganzen Schietwetter-Tag zu verbummeln und sich dabei wie in den Tropen zu fühlen.

INFORMATIONEN

Sylt-Aquarium,
Gaadt 33, 25980 Sylt/Westerland,
Tel. (0 46 51) 8 36 25 22,
www.syltaquarium.de

32

# NICHTS ALS AUSSICHT

**Von der unter Naturschutz stehenden Uwe-Düne hat man einen unvergesslichen Rundblick über seine Lieblingsinsel, die Nordsee und das Wattenmeer.**

Wer Glück hat und an einem der wenigen Tage auf Sylt ist, an denen die Insel unter einer pudrig weißen Schneedecke liegt, der sollte sich unbedingt auf den Weg zur Uwe-Düne machen, um sich die weiße Winterwelt vom höchsten Punkt Sylts anzuschauen. Aber auch wenn kein Schnee liegt, lohnen sich die 109 Stufen auf die Düne zwischen Wenningstedt und Kampen. Besonders schön ist es im Herbst, wenn die Landschaft in goldenen Farben leuchtet und man sich oben auf der Plattform die letzten warmen Sonnenstrahlen ins Gesicht scheinen lassen kann.

Benannt wurde Sylts höchste Düne nach dem Keitumer Freiheitskämpfer Uwe Jens Lornsen (1793–1838). Sie ist mit 52,5 Metern nicht nur für Sylter Verhältnisse ziemlich hoch, sondern auch ziemlich berühmt und so wundert es nicht, dass sich während der Hauptsaison kleine Karawanen von Urlaubern auf der Suche nach der schönsten Aussicht der Insel die steile Holztreppe hinaufschieben. In der ruhigen Jahreszeit hingegen ist man oft alleine auf der Aussichtsplattform – vor allem früh morgens, wenn die Sonne aufgeht, oder am späten Nachmittag, wenn sie wieder im Meer versinkt. Dann genießt man hoch oben über der Insel nichts als Stille und Weite und einen spektakulären Rundblick, der bei gutem Wetter bis nach England reicht. Das behauptet jedenfalls so mancher Sylter. Zumindest aber über die ganze Insel kann man schauen und manchmal auch bis zur dänischen Nachbarinsel Rømø.

Bei unbeständigem Wetter startet man am besten in Kampen und nimmt den kürzesten Weg. Den kann man gar nicht verpassen, denn er startet direkt am Ende der Straße „Zur Uwe Düne" und führt über eine Strecke von rund 500 Metern mitten durch die Dünen zu Sylts höchster Erhebung. An regenfreien Tagen lohnt ein Abstecher aufs Rote Kliff – sofern man sich irgendwann einmal von der einmaligen Aussicht lösen kann. Dafür folgt man einfach weiter dem Treppenweg durch die Dünen, der später dann auch hinunter zum Strand führt.

INFORMATIONEN

Uwe-Düne,
Dünenweg ab Ende der
Straße „Zur Uwe Düne",
25999 Kampen

33

# AUF NACH LIST-VEGAS!

Wer auf Sylt an einem grauen Tag nichts mit sich anzufangen weiß, weil der Wind zu kalt für eine Radtour und die Regenpausen zu kurz für einen Strandspaziergang sind, dem sei ein Ausflug zum Lister Hafen empfohlen.

Der Hafen wird auch als „List-Vegas" bezeichnet – natürlich mit einem kleinen Augenzwinkern, denn selbst an den trubeligsten Tagen ist hier nicht ganz so viel los wie in der amerikanischen Wüstenstadt, aber dafür gibt's hier auch nicht nur Sand, sondern auch ganz schön viel Meer – wie es sich für einen Hafen gehört. Der in List ist sogar der nördlichste Deutschlands und Heimat zahlreicher Kutter und Ausflugsschiffe sowie des Seenotretters „Pidder Lüng" und der Sylt-Fähre, die zwischen List und der dänischen Insel Rømø pendelt.

## Seehunde gucken

Die Ausflugsschiffe der Adler-Reederei fahren auch im Winter zu den Sandbänken, auf denen die Robben zwischen Februar und April ihren Nachwuchs zur Welt bringen. Damit es beim Ausschauhalten nach den Heulern an Deck nicht zu eisig wird, ist in den kalten Monaten ein Becher Glühwein oder Kinderpunsch im Fahrpreis inklusive.

## Shoppen und schlemmen

Wer lieber an Land bleibt, kann im Lister Hafen ganz ohne Langeweile und fast ohne nass zu werden den ganzen Tag verbummeln. Los geht's im einzigen „Einkaufszentrum" Sylts, der „Alten Tonnenhalle", die an der Stelle im Hafen errichtet wurde, an der früher schwimmende Seezeichen, sogenannte Tonnen, gelagert wurden. Heute kann man im Neubau in rund 15 verschiedenen Geschäften stöbern und shoppen: Neben einer Buchhandlung und einem Modeladen werden hier moderne Wohnaccessoires, aber auch kitschig-schöne Antiquitäten angeboten und an kleinen Marktständen gibt es nicht nur jede Menge Handgemachtes, sondern auch die wahrscheinlich größte Fruchtgummi-Auswahl der Insel. Hat man sich durch all die knallbunten süßen und salzigen Sorten einmal durchprobiert, hat man mit großer Wahrscheinlichkeit Appetit auf etwas Herzhaftes. Den stillt man am besten beim Sylter Fisch-Papst Jürgen Gosch, der hier gleich mehrfach vertreten ist, unter anderem mit seiner „Alten Bootshalle", dem Mutterschiff aller Gosch-Filialen. Bei Shanty-Gesängen und Schlagern genießt man in dem Selbstbedienungsrestaurant leckere Fischgerichte und eine gemütlich-maritime Stimmung, die dazu einlädt, auch nach dem Essen noch ein wenig sitzen zu bleiben.

Fertig „gegoscht" lohnt anschließend bei trockenem Wetter ein kleiner Spaziergang entlang des Hafenbeckens, wo man der Sylt-Fähre beim Auslaufen und den Fischern beim Entladen ihres Fangs zuschauen kann. Für die Kleinen gibt es außerdem einen schönen Spielplatz und – wenn es dann doch mal wieder nass von oben wird – für die Großen ein paar weitere schöne Shoppingmöglichkeiten. Diese findet man in den bunten Holzhäusern, in denen es jede Menge zu kaufen und zu entdecken gibt: Ob Robben aus Plüsch oder Regenjacken aus Gummi, ob Souvenirs oder Surfer-Klamotten – bei so viel Shopping-Glück hat Schietwetter-Stimmung definitiv keine Chance.

INFORMATIONEN
Lister Hafen,
Hafenstraße, 25992 List

# 34

# WINTERSONNEN-SPEKTAKEL

**Wenn sich die Sonne nach einem kalten Wintertag verabschiedet, dann tut sie das noch schöner, spektakulärer und farbenprächtiger als im Sommer.**

Auf einen richtig schönen Sonnenuntergang wartet man an so manchem Sylter Wintertag oftmals vergebens, denn wenn der Himmel mal wieder wolkenverhangen ist, muss die Sonne ganz ohne Publikum im Meer versinken. Ist es dann aber so richtig klirrend kalt und kein Wölkchen trübt den Winterhimmel, dann hat die Sonne ihren großen Auftritt, denn Sonnenuntergänge im Winter sind tatsächlich noch spektakulärer als im Sommer.

Das liegt daran, dass die Sonne im Winter deutlicher flacher am Horizont steht und so das Licht viel intensiver und farbenprächtiger gebrochen wird. Die untergehende Wintersonne taucht dann alles um sich herum als Feuerball in wunderbar warme Rosa- und Lilatöne, bevor sie in leuchtendem Orange am Horizont verschwindet – ein Farbspektakel, von dem sich so manch lauer Sylter Sommerabend noch eine Scheibe abschneiden könnte.

Wer das große Sonnenfinale am Strand unterhalb des Roten Kliffs in Kampen verfolgt, darf sich über noch mehr Farbvielfalt freuen, denn das rund 30 Meter hohe Kliff trägt seinen Namen zu Recht: In der untergehenden Sonne leuchtet es in einem satten Rotton und sorgt so für eine besonders stimmungsvolle Atmosphäre.

Wem es zu kalt ist, der wechselt einfach ins benachbarte Strandrestaurant „Kaamps 7“, von wo aus sich der Sonnenuntergang besonders gemütlich genießen lässt. Im Winter finden hier regelmäßig lauschige Fondueabende statt – Laternenwanderung durch die Dünen und Panoramablick auf die untergehende Sonne inklusive.

Etwas weiter südlich in Westerland ist die Promenade der perfekte Platz, um die Wintersonne beim Untergehen zu beobachten, denn hier stehen auch außerhalb der Saison immer ein paar Strandkörbe, in denen man es sich mit einer warmen Decke und seinem Lieblingsmenschen gemütlich machen kann. Glühwein, Eierpunsch und andere Warmmacher gibt’s bei Gosch auf der Kurpromenade und den schönsten aller Sonnenuntergänge direkt vor der Nase.

**INFORMATIONEN**

Strandrestaurant_Kaamps_7,
Riperstieg 5, 25999 Kampen,
Tel. (0 46 51) 88 60 78,
www.kaamps7.de

35

# ALLES AUSSER GEWÖHNLICH

Wer das Besondere mag, wird „hell living“ in Westerland lieben. Hier gibt es alles, was das Leben schöner macht und der Regenbogen an Farben hergibt.

Eigentlich müsste der Laden der beiden Wahl-Sylter Stefan und Billy nicht „hell living“, sondern „heaven living“ heißen, denn das würde viel besser beschreiben, was einen hier erwartet: der Einrichtungs- und Deko-Himmel auf Erden. Der liegt etwas versteckt, rund fünf Gehminuten vom Westerländer Bahnhof entfernt, und wer ihn einmal gefunden hat, der findet ihn richtig gut – und kommt immer wieder. Vor allem an grau-trüben Tagen, an denen sich die Sonne mal wieder nicht so richtig durchsetzen kann, lässt ein Besuch in dem fröhlich bunten Shop die Laune direkt steigen.

Das „hell living"-Team rund um Stefan und Billy nennt sein Geschäft nicht umsonst liebevoll „Tante-Emma-Laden der schönen Dinge", denn es ist tatsächlich ein ganz besonderes Sammelsurium: knallpinke Gartenzwerge in Übergröße, filigraner Manufakturschmuck, Kinder-Shirts mit Ponys und Piraten, Taschen, Gläser und Geschirr in allen Farben des Regenbogens und dazu jede Menge Gute-Laune-Figuren der Künstlerin Susanne Boerner für drinnen und draußen. Hier findet jeder etwas Schönes – auch wenn er eigentlich gar nichts sucht.

Betritt man den Laden in der Keitumer Chaussee, wird man nicht nur von netten Mitarbeitern begrüßt, sondern auch von sanftem Meeresrauschen und leisem Möwengeschrei. Das kommt nicht etwa von draußen, sondern aus der kleinen hölzernen Oceanbox, die einem Sylt-Feeling pur ins heimische Wohnzimmer bringt und an langen Wintertagen vom Inselsommer träumen lässt. Dass die also unbedingt mit nach Hause muss, steht fest – und die ausgefallene Oster- und Weihnachtsdeko, über die sich Nebensaison-Besucher freuen dürfen, natürlich auch.

Hat man am Ende mehr geshoppt, als Platz im Urlaubskoffer ist, ist auch das kein Problem, denn bei „hell living" gibt's nicht nur schöne Dinge, sondern zum Glück auch einen Versandservice. Und einen Onlineshop – falls die Sehnsucht nach Sylt mal zu groß wird.

INFORMATIONEN

hell living,
Keitumer Chaussee 9,
25980 Sylt/Westerland,
Tel. (0 46 51) 9 67 24 75,
www.sylt-hell-living.de

36

# WATT EIN VERGNÜGEN

Baden ohne Wellen, Wind und überfüllte Strände? Das geht an der Watt-Badestelle in Morsum, wo sich auch an warmen Tagen meistens mehr Schafe als Menschen tummeln.

Wenn die Sylter Sonne im Herbst noch einmal alles gibt und den Inselgästen ein Lächeln ins Gesicht und Erinnerungen an warme Sommertage ins Herz zaubert, dann ist der perfekte Zeitpunkt für ein (vielleicht letztes) Bad im Meer. Die offene Nordsee ist dafür allerdings nicht zu empfehlen. Denn so warm die Sonne auch scheint, die Wassertemperatur liegt in den Herbstmonaten bei wenig einladenden 13 bis 16 Grad. Daher empfiehlt sich an warmen Tagen im Herbst – und natürlich auch im Frühling – ein Ausflug auf die Ostseite der Insel.

Im beschaulichen Ort Morsum, am Ende der Straße Dikwai, befindet sich Sylts einzige Badestelle im Watt. Zwar darf man auch hier außerhalb der Sommermonate keine Badewannentemperaturen erwarten, aber da das Wasser flacher ist als auf der Meerseite, ist es immer um ein paar Grad wärmer. Außerdem herrschen hier weniger starke Strömungen und der Wind pustet nicht so kräftig wie an der offenen Nordsee. Daher eignet sich die Morsumer Badestelle perfekt für Familien mit kleinen Kindern – und für Ruhesuchende. Denn hier ist es selbst an richtig schönen Tagen nie so überlaufen wie an den Stränden auf der Sylter Westseite. Bevor man seine Badesachen packt, sollte man allerdings einen Blick in den Gezeitenkalender (www.insel-sylt.de/gezeitenkalender) werfen, denn gebadet werden kann im Watt nur bei Flut, also etwa alle sechs Stunden.

An der Badestelle erwartet die Besucher dann eine wunderschöne Aussicht übers weite Wattenmeer bis nach Rantum und Hörnum. Die genießt man ganz entspannt aus einem der Strandkörbe oder am kleinen Sandstrand, neben dem eine Leiter ins Wasser führt. Das ist aufgrund des Schlicks zwar nicht ganz so klar wie auf der Westseite, aber wenn man es dafür fast für sich alleine hat und ganz ohne Trubel, Hektik und Menschenmassen ein Bad in der warmen Herbstsonne genießen kann, nimmt man das doch gerne in Kauf.

INFORMATIONEN

Badestelle_im_Morsumer_Watt,
Ende Dikwai,
25980 Sylt/Morsum

37

# BLOCKBUSTER UND ARTHOUSE

**Aktuelle Filme, Sylt-Dokus oder Ballett- und Konzertübertragungen: Die „Kinowelt Westerland" bietet Filmfans beste Unterhaltung bei schlechtem Wetter.**

Auf die Idee, im Sommerurlaub ins Kino zu gehen, kommen wohl die wenigsten Inselgäste, denn die Alternativen Sonne, Strand und Meer sind (verständlicherweise) zu verlockend. Und dass es auf Sylt so heiß wird, dass man es nur im klimatisierten Kinosaal gut aushalten kann, ist dann doch eher unwahrscheinlich. Und auch ein wenig schade, weil man dann die „Kinowelt Westerland" verpasst.

Die ist zwar nicht so riesig wie ihre Pendants auf dem Festland, kann es aber mit ihrem ebenso abwechslungsreichen wie ausgefallenen Programm in vier Sälen locker mit jedem Großstadtkino aufnehmen. Das, in Kombination mit knusprigem Popcorn und leckeren Nachos, bietet beste Voraussetzungen für einen unterhaltsamen Schietwetter-Nachmittag, wenn Strand und Meer nicht wirklich verlockend, sondern eher nass und kalt klingen. Oder für einen romantischen Abend zu zweit – am besten bei einem Film in Saal 1, wo es ganz hinten kuschelige Pärchensitze gibt.

Bei Inselfans besonders beliebt sind die Sondervorführungen mit Sylt-Bezug. So lief in der Vergangenheit zum Beispiel eine Dokumentation über den Bau des Hindenburgdamms mit historischen Aufnahmen über die damals größte Baustelle Deutschlands. Seit 2021 wird der Film „Mythos Meer" regelmäßig in der „Kinowelt" gezeigt. Er ist eine Hommage an die Insel, eine Geschichte über deren Vergangenheit und Zukunft und eine Liebeserklärung auf mehr als 300 alten Filmrollen, die aufwendig digitalisiert und zusammengeschnitten wurden.

Neben dem aktuellen Programm sind auch Arthouse-Filme sowie Originalfassungen mit Untertitel und Live-Konzerte zu sehen. Außerdem werden Ballett- und Opernaufführungen aus New York und London übertragen und es gibt eine große Auswahl an Kinder- und Familienfilmen. Bei der Sneak Preview kann man sich jeden ersten Dienstag im Monat von einer Vorpremiere überraschen lassen – ganz nach dem Motto „Denn sie wissen nicht, was sie sehen …".

**INFORMATIONEN**

Kinowelt Westerland,
Strandstraße 9,
25980 Sylt/Westerland,
Tel. (0 46 51) 3 50 47 30,
www.kinowelt-sylt.de

38

# URLAUB MIT WAU-EFFEKT

**Sylt ist das perfekte Reiseziel für Hund und Herrchen – und natürlich Frauchen. Denn die Insel hat sich perfekt auf ihre vierbeinigen Gäste eingestellt und gilt als überaus hundefreundlich – allerdings mit kleinen Einschränkungen.**

Während der Sylter Hauptsaison sind Hunde nur an den ausgewiesenen Hundestränden erlaubt und dann auch nur angeleint, denn schließlich sollen sich nicht nur die Hundebesitzer und ihre Tiere wohlfühlen, sondern auch Gäste, die mit Dogge, Dackel & Co. vielleicht nicht ganz so viel anfangen können. In der Nebensaison, die vom 1. November bis 14. März dauert, dürfen Hunde aber auch an allen anderen Stränden nach Herzenslust im Sand toben, mit neuen Freunden herumtollen und – je nachdem, wie mutig sie sind – auch einmal die Wassertemperatur testen. Eine generelle Leinenpflicht, wie sie in der Hauptsaison an allen Stränden besteht, gibt es während der Nebensaison nicht. Allerdings sollte es selbstverständlich sein, dass die Vierbeiner in Naturschutz- und Vogelbrutgebieten ebenso angeleint werden müssen wie am Ellenbogen, wo viele frei laufende Schafe leben. An welchen der über 80 Sylter Strandabschnitte auch während der Nebensaison nur mit Leine Gassi gegangen werden darf, kann man bei der Touristeninformation erfragen oder online nachlesen (www.sylt.de/sylturlaub-ist/hundelieb).

## Schönheitskur für Vierbeiner

Auch abseits der Strände hat Sylt für Hunde einiges zu bieten. Zum Beispiel jede Menge exklusive Hundeboutiquen und -salons, die dafür sorgen, dass sich alle Gäste auf Sylt gleichermaßen pudelwohl fühlen. So ist „Pam's Hundesalon" in Tinnum (www.pamshundesalon.de) seit über 20 Jahren nicht nur die richtige Adresse für fachgerechte Fell- und Krallenpflege, sondern auch für professionelle Ultraschall-Zahnpflege und Thalasso-Behandlungen, die Haut und Fell dank Meereskollagenen mit Feuchtigkeit und wertvollen Mineralstoffen versorgen.

Im „Sylter Hundesalon" (www.sylter-hundesalon.de) werden die tierischen Urlaubsbegleiter ebenfalls geschoren, gewaschen und gepflegt und es gibt gemütliche Hundebetten in allen Größen sowie Decken, Näpfe und Hundehandtücher für die Dauer des Sylt-Urlaubs zu mieten. Vor allem Letztere kann man nach einem langen Strandspaziergang im Herbst oder Winter gut gebrauchen, denn dann heißt es: Runter mit dem ganzen Sand! Wie praktisch, dass es auf Sylt sogar eine Hundewaschanlage gibt. Diese ist rund um die Uhr geöffnet und nach einem Münzeinwurf (ausschließlich 1-Euro-Stücke) können hier matschige Möpse und sandige Schäferhunde mit angenehm warmem Wasser und speziellem Hundeshampoo gewaschen und anschließend geföhnt werden. Die SB-Waschanlage steht am „Futterhaus" (Keitumer Landstraße 40, Tinnum).

## Shopping-Glück in Westerland

Frisch gestylt geht es dann mit Herrchen und Frauchen zum Shoppen. Erste Anlaufstelle: der Hundeladen „Pet Shop Boyz" gleich um die Ecke in der Keitumer Landstraße 10c. Auf über 200 Quadratmetern gibt es hier alles, was das Herz der vierbeinigen Freunde höherschlagen lässt und

auch die Zweibeiner glücklich macht. Denn hier wird größter Wert auf Qualität und Nachhaltigkeit gelegt – sowohl bei Accessoires wie Spielzeugen oder Hundemänteln und -pullovern als auch beim Futter. Dieses besteht aus 100 Prozent Biofleisch oder purem Gemüse und wird ohne Zusätze wie Geschmacksverstärker oder Konservierungsstoffe in kleinen Mengen in Deutschland hergestellt. Außerdem gibt es hier auch Dog-E-Lastenräder zu mieten. Praktisch für alle, die nicht mit einem Chihuahua die Insel per Rad entdecken wollen, sondern mit einem etwas größeren Exemplar, das nicht in einen Hundekorb oder einen Fahrradanhänger passt. Die Lastenräder haben alle ein Verdeck, das die Vierbeiner vor Wind und Wetter schützt.

Wer einen etwas stilvolleren und sylttauglicheren Regenschutz für seine tierischen Mitbewohner sucht, der ist bei „Koko von Knebel“ (Neue Straße 3, Westerland) genau richtig: Von plüschigen Pullovern bis zu stylishen Camouflage-Regenmänteln gibt's hier alles, was Fashion-Fiffis lieben. Dazu jede Menge Accessoires wie Halsbänder, Leinen, Hundetaschen und -betten.

## Fit auf vier Pfoten

Für seine etwas aktiveren vierbeinigen Gäste, denen Shopping und Besuche im Hundesalon auf Dauer zu langweilig sind, hat Sylt natürlich auch etwas zu bieten: „Pfoten-Fitness“ mit Bibi Ifland (www.pfoten-fitness-sylt.de) und ihrer Hündin Happy. Die ausgebildete Tierphysiotherapeutin zeigt Einheimischen wie Urlaubern gerne alltagstaugliche Übungen für mehr Fitness und Wohlbefinden – und zwar für Mensch und Tier. Außerdem bietet sie ein abwechslungsreiches Outdoor-Training an, das man gut mit der Gassi-Runde verbinden kann, sowie mobile Physiotherapiebehandlungen auf der ganzen Insel.

**Extratipp:** Am Kiosk „Baakdeel“, der sich direkt am Übergang zum gleichnamigen Hundestrand befindet, gibt es selbst gebackene Hundekekse zu kaufen.

INFORMATIONEN

Sylt-Urlaub mit Hund:

www.insel-sylt.de/straende-auf-sylt/hundestraende-auf-sylt
www.wenningstedt.de/entdecken/mit-hund/hundeknigge
www.sylt.de/sylturlaub-ist/hundelieb

# FRIESISCH-LECKER

So is(s)t Sylt

**Von Sterneküche bis Strandbistro, von Fischbrötchen bis Vier-Gänge-Menü: Die Sylter Gastronomen zaubern überraschende Vielfalt auf die Teller.**

39

# SYLT BEI EIS UND SCHNEE

**Während der kalten Jahreszeit verwandelt sich die „Sylter Eismanufaktur" in die „Wintereismanufaktur" und serviert ausgefallene winterliche Kreationen.**

Eis mit Meerblick geht auf Sylt fast immer und überall. Eis mit Schneeblick hingegen nur während der Wintermonate in List. Vorausgesetzt, es schneit – um alles andere kümmert sich das Team der „Sylter Eismanufaktur" rund um Inhaber Detlef Fügeisen. Von November bis zum nächsten Frühjahr heißt er seine Gäste in der wahrscheinlich einzigen und definitiv nördlichsten Wintereismanufaktur Deutschlands willkommen. Neben ausgefallenen winterlichen Eiskreationen gibt es dann frische Waffeln, heiße Getränke und ein warmes Lächeln. Letzteres natürlich gratis – ebenso wie den verführerischen Duft nach Punsch, Kakao und Bratapfel, den man am liebsten einpacken und mitnehmen möchte.

Das Wintereis wird täglich frisch produziert – mit jeder Menge Liebe und ganz viel Experimentierfreude. Dabei kommt es völlig ohne Aromen und Farbstoffe aus, was an den qualitativ hochwertigen Zutaten liegt, die zum Teil direkt von der Insel stammen. So wie die Erdbeeren für das Strawberry-Cheesecake-Eis oder das Meersalz, das zusammen mit Quark und Karamell Eisträume wahr werden lässt und direkt um die Ecke in der „Sylter GenussMacherei" in List produziert wird.

Für die Wintermonate haben sich Detlef Fügeisen und sein Team ganz besondere Kreationen einfallen lassen: Ob Bratapfelbecher, Friesentorte im Weckglas oder eine ausgefallene Kombination aus Cassissorbet, Schokoladeneis auf Biskuit und in Glühwein marinierte Beeren mit gebrannten Mandeln – hier wartet auf jeden Besucher sein persönliches Wintereisglück. Dazu genießt man am besten ganz in Ruhe einen sahnig-süßen Eierpunsch oder eine heiße Schokolade mit einem Hauch Honig und Nougat und die angenehm warme Atmosphäre der Eismanufaktur. Spätestens dann weiß man, dass Eis mit Schneeblick eine richtig gute (und leckere) Idee ist. Denn Eis mit Meerblick kann schließlich jeder …

**INFORMATIONEN**

Sylter Eismanufaktur,
Dünenstraße 3, 25992 List,
Tel. (0 46 51) 8 35 68 10,
www.sylter-eismanufaktur.de

40

# DER DUFT DER INSEL

Eine ehemalige Gourmet-Köchin hat aus ihrer Liebe zum unverwechselbaren Aroma der Sylter Heckenrosen eine Marke gemacht: „Sylt-Mari im Rosenglück“.

Wenn es etwas gibt, das Sylt-Gäste in der Nebensaison vermissen, dann wahrscheinlich den besonderen Duft der Heckenrosen, die die Insel ab Ende Mai in ein rosa-pinkfarbenes Blütenmeer verwandeln. Dank Mareike de Buhr muss aber auch im Herbst und Winter niemand auf den unverwechselbaren Duft von Sylter Sommertagen verzichten. Die Wahl-Sylterin ist gelernte Köchin und bereits seit ihrer Kindheit in den Geruch der „Rosa rugosa“, wie die Heckenrose offiziell heißt, verliebt. Ihre Leidenschaft fürs Kochen und ihre Liebe zu Rosen lebt sie als „Sylt-Mari im Rosenglück“ aus. Unter dieser Marke stellt sie außergewöhnlich leckere Produkte aus Rosenblättern her. Die werden von ihr im Frühsommer selbst gesammelt und konserviert, um das einzigartige Aroma für immer einzufangen.

Zu ihren Produkten, die sie ganz ohne Farb- und Konservierungsstoffe, dafür aber mit viel Liebe und Herzblut herstellt, gehören Marmeladen, Sirup und Kuchen im Glas ebenso wie Chutneys, Essig, Salz und Zucker. Kaufen kann man diese und weitere rosige Köstlichkeiten auf dem Westerländer Wochenmarkt vor dem Rathaus (Mittwoch und Samstag, 7.00–13.00 Uhr). Dort steht Mareike von April bis Oktober und ist mit ihrer knallroten dreirädrigen Piaggio Ape gar nicht zu verfehlen.

Wer außerhalb der Marktsaison auf der Insel ist, bekommt die Produkte von „Sylt-Mari im Rosenglück" bei der „Bäckerei und Konditorei Lund" in Hörnum. An drei Vormittagen die Woche kann man dort sogar Mareike selbst antreffen, mit ihr über ihre große Rosenliebe plauschen und sich von ihr beraten lassen. Ihre Marmeladen gibt es bei „Lund" zwar leider nicht, dafür aber hausgemachtes Roseneis auf der Grundlage von Mareikes Rosenzucker. Und wenn man schon mal bei „Lund" ist, sollte man unbedingt die köstlich krossen Biobackwaren und die cremig süßen Tortenträume probieren, für die das Familienunternehmen seit über 70 Jahren bei Insulanern und Gästen gleichermaßen beliebt ist.

**INFORMATIONEN**

zu Mareike und ihren Produkten:
www.instagram.com/rosenglueckssylt

Bäckerei und Konditorei Lund,
Rantumer Straße 1-3, 25997 Hörnum,
Tel. (0 46 51) 88 10 34,
www.lund-sylt.de

41

# GRILLEN BEI WIND UND WETTER

**Je schlechter das Wetter, desto schöner der Grillabend – zumindest, wenn der im Wintergarten des Restaurants „iismeer“ in Wenningstedt stattfindet.**

Wer glaubt, Grillen sei nur etwas für laue Sommerabende, der war noch nie im „iismeer“ an der Wenningstedter Promenade. Denn hier ist Ganzjahresgrillen angesagt und das ist am schönsten, wenn draußen der Sturm übers Meer fegt und der Regen gegen die Scheiben peitscht. Dann herrscht im Wintergarten des „iismeer“ eine besonders stimmungsvolle Atmosphäre: Auf den Grilltischen flackert ein gemütliches Feuer, man sitzt zwischen vielen weichen Kissen mit seinen Lieblingsmenschen zusammen, genießt leckeres Essen, ein gutes Glas Wein und einen unvergesslichen Abend. Lagerfeuerromantik pur, vor allem, wenn man sein BBQ während des berühmten Sylter Sonnenuntergangs genießt, denn vom Wintergarten des „iismeer“ hat man einen tollen Meerblick.

Auf die Feuertische kommt alles, was das Grillherz begehrt und die umfangreiche Karte des „iismeer“ hergibt: Kleine Gäste sind Feuer und Flamme für die fluffigen Marshmallowspieße, die sie neben Würstchen oder Stockbrot selbst rösten können. Letzteres gibt es entweder pur mit Sour Cream oder in leckeren Variationen wie zum Beispiel mit Schafskäse und Serranoschinken oder mit Hackfleisch, Tomatenwürfeln und einer ebenso geheimen wie leckeren Soße. Außerdem stehen verschiedene Grillspieße zur Auswahl – mit Fisch, Fleisch oder Gemüse und mit abwechslungsreichen Beilagen von der Ofenkartoffel über Bruschetta bis hin zu diversen Dips und knackig gesunden Salaten aus Rote Bete, Gurken, Quinoa & Co.

Hat man sich aus all den Leckereien, zu denen übrigens auch verschiedene Tapas-Variationen gehören, sein ganz persönliches BBQ-Menü zusammengestellt, kann es losgehen mit dem winterlichen Grillabend: Spieße drehen, Grillgut wenden, sich durch die Beilagen probieren und die einmalige Wohlfühlatmosphäre genießen, die es so nur hier gibt – im „iismeer“, dem einzigen Ort Sylts, an dem Grillen bei Schietwetter noch mehr Spaß macht als an einem lauen Sommerabend.

INFORMATIONEN

iismeer Sylt,
Strandstraße 25,
25996 Wenningstedt-Braderup,
Tel. (0 46 51) 9 57 27 19,
www.iismeer.de

42

# VOM KUTTER AUF DEN TELLER

Im Hörnumer Hafen gibt es auch im Herbst und Winter fast täglich Sylter Miesmuscheln frisch vom Kutter – mit Weißwein, Knoblauch und schönstem Wattenmeerblick.

Wenn nach den Herbstferien langsam etwas Ruhe auf der Insel einkehrt, herrscht bei den Muschelfischern im Hörnumer Hafen immer noch Hochsaison. Von Anfang Juli bis Mitte April fahren sie mehrmals wöchentlich zu den Miesmuschel-Anpflanzungen im Wattenmeer vor der Südspitze Sylts. Die Muscheln, die hier wachsen, gelten unter Kennern als die besten Europas, da sie nicht nur einen besonders hohen Fleischanteil aufweisen, sondern auch noch einen unvergleichlichen fein-nussigen und leicht salzigen Geschmack. Außerdem sind sie biozertifiziert und dank wenig Fett, dafür aber umso mehr Mineralien, Vitaminen und einem hohen Eiweißanteil auch noch sehr gesund.

Hörnum ist Umschlagplatz Nummer eins für Miesmuscheln in Deutschland und mit etwas Glück kann man die Muschelfischer dabei beobachten, wie sie mehrere Tonnen ihrer blau-schwarzen Fracht entladen und für den Weitertransport vorbereiten.

Gleich neben den Liegeplätzen der Kutterflotte betreibt Muschelbauer Jan Schott das kleine „Sylter Muscheln Bistro“, wo die Meeresfrüchte in charmant gemütlicher

Atmosphäre frisch vom Kutter probiert werden können – und zwar in allen erdenklichen Variationen. Ob aus dem Topf nach Hörnumer Art im Weißweinsud mit Knoblauch und Schalotten, griechisch mit Ouzo, Schafskäse und Tomatenwürfeln oder im exotischen Thai-Style, verfeinert mit Kokosmilch, Curry und Zitronengras – bei Jan und seinem Team wird garantiert jeder zum Muschelfan. Daneben zaubert die Crew alles auf die blanken Holztische, was das Meer hergibt: vom Heilbutt mit Trüffelrisotto über frische Seezunge bis hin zu überbackenen Austern nach Rockefeller Art mit Spinat und Knoblauch. Dazu gibt es eine umfangreiche Wein- und Champagnerkarte und beste Sicht auf Hafen und Wattenmeer, wo man den Muschelfischern dabei zusehen kann, wie sie sich um Nachschub für weitere leckere Frisch-vom-Kutter-Gerichte kümmern.

**INFORMATIONEN**

Sylter Muscheln Bistro,
Am Kai, 25997 Hörnum,
Tel. (01 60) 98 07 76 73

43

# LECKERES WARM-UP VON INNEN

**Heiße Suppen für kalte Tage gibt es am Stand von Sylts Suppen-König Maurice Morell, dessen köstliche Kreationen noch jeden Magen – und jedes Herz – erwärmt haben.**

Frische Nordseeluft macht hungrig – und zumindest im Herbst und Winter nicht selten kalte Nasen und durchgefrorene Füße. Was gibt es da Besseres als eine heiße, mit viel Liebe zubereitete Suppe, die nicht nur den Magen, sondern auch die Seele wärmt? Und wenn die dann auch noch täglich frisch aus Biozutaten gezaubert und mit einer fröhlichen Herzlichkeit serviert wird, dann ist die Kälte schnell vergessen. Möglich macht all das der Wahl-Sylter Maurice Morell, der nach Stationen als PR-Manager, Strandkorbvermieter und Kaffee-Barista 2018 seinen kleinen, aber ziemlich feinen Suppenstand in List eröffnet hat. Der sieht zwar aus wie ein historischer Imbisswagen, ist in Wirklichkeit aber eine perfekt ausgestattete Küche auf Rädern. Darin kocht Maurice Morell jeden Tag drei besondere Suppenkreationen aus weichem Sylter Wasser, Lister Meersalz, jeder Menge duftender Kräuter und viel frischem Gemüse, das größtenteils direkt von der Insel stammt. Von der klassischen Kartoffel-Möhren-Suppe bis zur exotischen Bananen-Curry-Suppe gibt's hier alles, was das Suppenherz begehrt – und zwar solange der Vorrat reicht. Denn am „Sylter Suppen"-Stand gilt: Wer zuerst kommt, isst zuerst, und wer zu spät kommt, der kommt einfach am nächsten Tag wieder und lässt sich überraschen, was Maurice Morell dann Leckeres gezaubert hat.

Zu den Suppen gibt es knusprig-krosses Brot von Inselbäckern, auf Wunsch kostenlosen Nachschlag und immer einen netten Schnack mit dem Suppenchef. Der hat sich das Kochen übrigens selbst beigebracht und mit seinem Stand einen herrlich entspannten Wohlfühlort erschaffen, der längst kein Geheimtipp mehr ist. Denn Hektik und Stress wird man hier ebenso wenig finden wie Geschmacksverstärker, tierische Produkte oder weggeworfene Reste. Dafür aber immer ein lauschiges Plätzchen im windgeschützten Dünenhof, wo man warm eingekuschelt in eine Decke seine Suppe löffeln und sich Magen und Seele wärmen lassen kann.

**INFORMATIONEN**

Sylter Suppen,
Dünenstraße 1, 25992 List,
Tel. (01 60) 4 30 70 70,
www.sylter-suppen.de
(Öffnungszeiten beachten!)

SYLTER SUPPEN
SUPPEN
NÖ!

44

# SYLTER WINTER-REZEPTE

Die Winter auf Sylt sind lang und ziemlich kalt.Die beste Zeit also, um sich die Wochen bis zum Frühling mit Backen zu vertreiben und sich dabei mit einem typischen Sylter Heißgetränk von innen zu wärmen.

Besonders beliebt sind dabei Variationen, die mit einem Schuss Rum verfeinert werden, so wie der Pharisäer, der aus Kaffee, Rum und einem Sahnehäubchen besteht. Seinen Namen bekam er angeblich im 19. Jahrhundert bei einer Taufe auf der Insel Nordstrand. Dort stand damals ein besonders strenger Pastor der Gemeinde vor, in dessen Gegenwart das Trinken von Alkohol verboten war. Um trotzdem für ein wenig Stimmung bei der Tauffeier seiner Tochter zu sorgen, ließ ein Landwirt seinen Gästen Kaffee mit Rum servieren – garniert mit einem Sahnehäubchen, das den verräterischen Duft des Rums überdecken sollte. Mit der Stimmung der Taufgesellschaft stieg auch das Misstrauen des Pastors, der die Täuschung schließlich bemerkte und daraufhin ausgerufen haben soll: „Oh, ihr Pharisäer!"

Weitere heiße Spezialitäten mit Rum sind:

- **Tote Tante:** Kakao mit Rum und Sahne
- **Eisbrecher:** warmer Rotwein mit Zucker und einem Schuss Rum
- **Eiergrog:** Mischung aus schaumig geschlagenem Eigelb, heißem Wasser, Zucker und Rum

## Futjes: kugelrunde Kalorienbomben

Um das beliebte traditionelle Weihnachts- und Silvestergebäck zu backen, benötigt man folgende Zutaten:

- Futjes-Pfanne mit Mulden
- 4 Eier
- 1 EL Zucker
- 1 PK Vanillezucker
- 500 ml Buttermilch
- 400 g Mehl
- 1 PK Backpulver
- Butter für die Pfanne
- Zimt und Zucker zum Bestreuen, alternativ Puderzucker
- für die Füllung nach Geschmack: gemahlene Nüsse, Mandeln oder Trockenfrüchte

**Zubereitung:** Eier trennen und das Weiße steif schlagen, Eigelb mit Zucker und Vanillezucker schaumig rühren und mit Buttermilch, Mehl und Backpulver vermengen, anschließend den Eischnee unterheben und die gewünschte Füllung in den Teig geben. Den Teig in der gebutterten Pfanne von beiden Seiten ausbacken und die fertigen Futjes noch warm in Puder- oder Zimt-Zucker wälzen.

## Friesenkekse: ein Klassiker nicht nur zu Weihnachten

Zwar gibt es das leckere Mürbegebäck das ganze Jahr über auf der Insel zu kaufen, es eignet sich aber auch perfekt als Plätzchen für die Weihnachtszeit.

Zutaten und Zubehör:
- weihnachtliche Ausstechförmchen
- Teigausroller
- 250 g Butter
- 2 Eier
- 2 PK Vanillezucker
- 400 g Zucker
- 300 g Mehl
- 100 g Stärke
- 150 g gehackte Mandeln

**Zubereitung:** Klein geschnittene Butter mit Eigelb, Vanillezucker und der Hälfte des Zuckers (200 g) in einer Schüssel schaumig rühren. Mehl und Speisestärke mischen und unter den Teig rühren, diesen anschließend kaltstellen und währenddessen den restlichen Zucker mit den gehackten Mandeln vermengen. Den gekühlten Teig noch einmal mit den Händen gut durchkneten, auf einer bemehlten Arbeitsfläche ausrollen und Kekse ausstechen. Diese dann mit Eiweiß bepinseln und mit der Mandel-Zucker-Mischung bestreuen. Bei 200 Grad Ober-/Unterhitze etwa 12 Minuten auf Backpapier goldgelb backen.

**Extratipp:** Original Sylter Friesenkekse gibt es in der Bäckerei Ingwersen, Terpstig 76, 25980 Sylt/Morsum, Tel. (0 46 51) 82 33 42, und im Online-Shop: www.ingwersen-sylt-shop.de

45

# IM SCHOKOLADEN-PARADIES

**Die „Sylter Schokoladenmanufaktur“ und das dazugehörige „Café Wien“ in Westerland sind seit vielen Jahren ein Garant für Glücksgefühle und gute Laune bei jedem noch so grauen Wetter.**

Dass Schokolade glücklich macht, steht fest. Ob dies nun daran liegt, dass sie das sogenannte Glückshormon Serotonin enthält, oder daran, dass sie einfach nur richtig lecker schmeckt, ist dabei völlig egal. Hauptsache, sie vertreibt schlechte Laune und trübe Gedanken. Und das tut sie. In der Schokoladenmanufaktur mitten in der Westerländer Innenstadt sorgen zudem die warmen Farben und der feinherbe Kakaoduft für Wohlfühlatmosphäre. Hier kann man gar nicht anders, als zum Schokoholic zu werden und sich durch die rund 340 Sorten zu testen. Dabei hat man die süße Qual der Wahl zwischen klassischen Sorten mit Mandeln oder Marzipan und ausgefallenen Geschmackskreationen wie Limette-Buttermilch-Knallbrause oder Cashew-Salzkaramell.

Schokolade gibt es hier nicht nur in veganen Variationen, sondern wahlweise auch ohne

Zucker, mit Sylter Meersalz oder aber für den unentschlossenen Nachwuchs gefüllt mit Gummibärchen. Und da man schließlich auf Sylt ist, gibt's natürlich auch Champagner-Trüffel-Schokolade.

Hergestellt werden die leckeren Tafeln in der gläsernen Produktion in Tinnum (Zum Fliegerhorst 15). Vom Verkaufsraum aus kann man den Chocolatiers bei ihrer Arbeit zuschauen und beobachten, wie aus einer kleinen, unscheinbaren Kakaobohne eine Tafel voll schokoladigen Glücks wird. Dass diese immer wieder neue, überraschende Geschmackserlebnisse bereithalten, dafür sorgt Juniorchef Tom Langmaack, der den Familienbetrieb gemeinsam mit seiner Mutter führt und einer von wenigen diplomierten Schokoladen-Sommeliers Deutschlands ist.

Er und sein Team können aber nicht nur aus Kakaobohnen leckere Köstlichkeiten zaubern, sondern auch Liköre und Fruchtaufstriche herstellen sowie Bonbons mit so schönen Namen wie „Kampener Schicki-Micki-Mix“ oder „Sylter Sonnenschein-Bonbons“ kreieren. Und im benachbarten „Café Wien“ lassen sie sahnig-süße Tortenträume wahr werden, die garantiert auch den letzten Anflug von Winterblues vertreiben.

**INFORMATIONEN**

Sylter Schokoladenmanufaktur & Café Wien, Strandstraße 11–13, 25980 Sylt/Westerland, Tel. (0 46 51) 53 35, www.cafe-wien-sylt.de

46

# LOGENPLATZ AM MEER

Möchte man auch an Sylter Schmuddelwetter-Tagen nicht aufs Meer verzichten, dann is(s)t man in „Onkel Johnny's Strandwirtschaft" in Wenningstedt genau richtig.

Die lässig-leckere Location liegt – wie sollte es anders sein – direkt am Strand und ist der perfekte Ort, um an einem stürmischen Tag stundenlang durch die großen Fenster aufs tobende Meer zu schauen und die Seele baumeln zu lassen. Hin kommt man nur zu Fuß, am besten vom Strandübergang am Campingplatz Wenningstedt, von wo das „Onkel Johnny's" nur einen etwa zehnminütigen Regenpausen-Spaziergang durch die Dünen und entlang des Kliffs entfernt ist – Traumaussicht aufs Meer inklusive.

## Lecker & lässig

Angekommen im Logenplatz am Meer hat man dann die Qual der Wahl, denn die Kombüsen-Crew zaubert alles auf die Teller, was nicht nur satt, sondern auch glücklich macht – täglich frisch und mit viel Liebe zubereitet: von wechselnden Tagessuppen über veganes Curry bis hin zu Burgern, hausgemachten „Fish & Chips", Nordseescholle oder „Surf & Turf" mit Garnelen und Rinderfilet. Unbedingt probieren sollte man auch den berühmten Milchreis von „Tante Marta". Dazu gibt's Glühwein oder heißen Caipirinha, nette Gespräche mit den Tischnachbarn und jede Menge Sylt-Liebe. Und für die, die lange genug bleiben, dank freiem Meerblick einen unvergesslichen Sonnenuntergang.

## Sylter Kapitänsgeschichte(n)

Ihren Namen verdankt die Strandwirtschaft dem Großonkel der Betreiber Andreas und Oliver Behrens. Onkel Johnny hieß mit bürgerlichem Namen Jon Andresen, war mit Leib und Seele Kapitän und liebte Sylt ebenso sehr wie die Pfeife in seinem Mund und den grünen Sittich auf seiner Schulter – beides Markenzeichen des stets etwas mürrisch dreinblickenden Mannes mit der Kapitänsmütze. Dessen Konterfei ist in der Strandwirtschaft allgegenwärtig und die vielen Schwarz-Weiß-Aufnahmen von ihm erzählen Geschichten von längst vergangenen Zeiten – eine herzliche Hommage an einen großen Sylter Seefahrer.

Dem hätte es hier, zwischen alten Steuerrädern, Ankern und Schiffstelegraphen, sicher gut gefallen und er wäre ganz bestimmt derselben Meinung gewesen wie jeder, der einmal hier zu Gast war: Dank „Onkel Johnny's Strandwirtschaft" wird aus jedem noch so grauen Schmuddelwetter-Tag ein Lieblingstag voller Inselglück.

**Extratipp:** Auf dem Weg zur Toilette gibt's ebenfalls jede Menge Sylt-Liebe: An den Wänden hängen auf Vintage-Holz gedruckte Grafiken, Typografien und Fotos des Künstlers „Syltan" (www.der-syltan.de). Sie alle tragen außergewöhnliche Namen wie „Leefdi & Freer" oder „Heart & Söl'", die aus dem Söl'ring, dem alten Sylterfriesisch, stammen. Syltans Werke, zu denen auch lässige Strandwear gehört, sind eine ebenso schöne wie kreative Liebeserklärung an diese fast vergessene Sprache, an alte Traditionen und an die Insel selbst.

**INFORMATIONEN**

Onkel Johnny's,
Am Strand,
25996 Wenningstedt-Braderup,
Tel. (0 46 51) 2 99 98 80,
www.onkeljohnny-sylt.de

47

# FRÜHLINGSFRÜHSTÜCK

„Nielsens Kaffeegarten“ auf dem Grünen Kliff in Keitum ist der perfekte Ort, um bei einem Frühstück mit Wattblick entspannt in den Frühlingstag zu starten.

In den Sommermonaten ist die Schlange vor „Nielsens Kaffeegarten“ oftmals fast genau so lang wie die Kuchentheke im Eingangsbereich des traditionsreichen Keitumer Cafés – und zwar zu Recht, denn die Terrasse am Watt zählt zu den schönsten der Insel und die hausgemachten Backwaren und das abwechslungsreiche Frühstück lohnen jede Wartezeit. Wer trotzdem weniger Zeit mit Schlangestehen und mehr Zeit mit Genießen verbringen möchte, der kommt einfach außerhalb des Sommers. Zum Beispiel im Frühling, wenn das Team von „Nielsens Kaffeegarten“ nach seiner wohlverdienten Winterpause in die Backstube zurückkehrt. Meistens öffnet der "Kaffeegarten" ab Mitte Februar wieder seine Pforten. Wenn das Wetter es zulässt, ist die Terrasse der perfekte Platz, um sich bereits morgens von den ersten Sonnenstrahlen wärmen zu lassen und dabei den fantastischen Blick aufs weite, ruhige Wattenmeer zu genießen.

Die Backstube mit angeschlossenem Café in Keitumer Traumlage gibt es bereits seit über 100 Jahren. Bäckermeister Jens Nielsen führt das Unternehmen in vierter Generation, zusammen mit seiner Frau Elizabeth und einem stets gut gelaunten Team. Gemeinsam haben sie eine kleine Wohlfühloase geschaffen und ihr vielfältiges Frühstücksangebot ist mittlerweile legendär. Dafür lohnt sich frühes Aufstehen und natürlich rechtzeitiges Reservieren. Ob Frühstück à la „Friesenjung“, ob nach französischer oder auf karibische Art oder in der Fitness-Variante, hier findet jeder seinen perfekten Start in den Tag.

Und wenn die Frühlingssonne mal Pause macht, wechselt man einfach nach drinnen, von wo aus man durch die großen Fenster ebenfalls einen wunderschönen Blick aufs Wasser hat. Hier kann man in den gemütlichen Sesseln im Frühstücksglück schwelgen und die entspannte Atmosphäre genießen. Oder aber man probiert eines der leckeren Mittagsgerichte oder eine der süßen Kalorienbomben aus der Kuchentheke – garniert mit einem Sahnehäubchen und einem der schönsten Ausblicke Sylts.

INFORMATIONEN

Nielsens Kaffeegarten,
Am Kliff 5, 25980 Sylt/Keitum,
Tel. (0 46 51) 3 16 85,
www.nielsens-kaffeegarten-sylt.de

# SYLTER LIEBLINGSGETRÄNK

Was gibt es Schöneres als eine heiße Tasse Tee nach einem langen Winterspaziergang? Fragt man die Friesen, so lautet deren Antwort ganz klar: „Nichts“. Denn sie sind tatsächlich Weltmeister im Teetrinken.

Mit einem durchschnittlichen Pro-Kopf-Verbrauch von rund 300 Litern pro Jahr trinkt jeder Friese, also auch jeder Sylter, etwa zwölfmal mehr Tee als der Rest Deutschlands – und als der Rest der Welt. Dass die Sylter heute so große Teefans sind, haben sie der Legende nach einem Schiff zu verdanken, das 1794 vor ihrer Insel strandete. Es kam aus Asien und hatte getrocknete Blätter geladen, mit denen die Insulaner nichts anzufangen wussten und daher zunächst vergeblich versuchten, sie als Rauchtabak zu benutzen. Erst nach und nach lüfteten sie das Geheimnis um die unbekannte Fracht und entdeckten so ihre Liebe zum Tee.

## Umrühren verboten: die Sylter Teetied

Mittlerweile ist diese Liebe so groß, dass die Sylter sich ein Leben ohne ihren Tee nicht mehr vorstellen können und diesen nicht nur einfach trinken, sondern zelebrieren. Zu einer echten Sylter Teetied (Teezeit) gehört natürlich eine perfekte Friesenmischung aus verschiedenen Schwarztees, die unbedingt aus einer Kanne eingeschenkt werden muss. Natürlich nicht aus irgendeiner dahergelaufenen Thermoskanne, sondern aus einer Porzellankanne – genauer gesagt, einer vorgewärmten Porzellankanne. In diese werden die losen Teeblätter gegeben: pro Tasse ein Teelöffel und gerne ein zusätzlicher für ein noch intensiveres Geschmackserlebnis. Nun werden die Blätter mit kochendem Wasser aufgegossen, wobei nur so viel Wasser in die Kanne gegeben wird, dass die Blätter gerade so bedeckt sind.

Nach einer individuellen Ziehzeit von drei bis fünf Minuten füllt man die Kanne mit heißem Wasser auf und dann beginnt der eigentliche Teil der friesischen Teezeremonie – das Einschenken. Auch dafür gibt es natürlich wieder eine strenge Abfolge, die damit beginnt, dass ein großes Stück weißer oder brauner Kandiszucker (friesisch: Kluntjes) in die Tasse gegeben wird. Dann wird der Tee über ein Teesieb in die Tasse gegossen und dabei andächtig dem Knistern des Kandis gelauscht. Dem Tee folgt ein wenig frische Sahne, die ganz vorsichtig mit einem speziellen Sahnelöffel von der Seite in die Tasse gegeben wird. Die Sahne fließt zunächst hinab auf den Tassenboden und steigt dann in Form einer kleinen Wolke wieder auf. Diese „Wulkje", wie der Friese sie nennt, darf auf keinen Fall verrührt werden – sonst verstößt man gegen eine der wichtigsten Teetied-Regeln und outet sich als absoluter Tee-Banause. Vielmehr müssen alle drei Schichten nacheinander getrunken werden, um in den wahren Genuss der Sylter Teetied zu kommen. Also erst die milde Sahne, dann der herbe Tee und schließlich als süßer Abschluss der Kandiszucker.

Wer sich nun fragt, warum ein Löffel neben der Tasse liegt, wenn man doch den Tee gar nicht umrühren darf: Legt man diesen in die Tasse, bedeutet das, dass man keinen Tee mehr möchte. Alternativ kann man seine Tasse auch umgedreht auf die Untertasse stellen.

48

## Sylter SpezialiTEEten-Läden

Ist man hingegen erst mal auf den Geschmack gekommen, dann lohnt ein Bummel durch die zahlreichen Teegeschäfte der Insel. Dort gibt es nicht nur alles für die nächste Teezeremonie im heimischen Wohnzimmer, sondern auch jede Menge informative und unterhaltsame Veranstaltungen rund um den Tee.

So zum Beispiel das wöchentliche Seminar vom Sylter Teeexperten Ernst Janssen, das unter dem Motto „Tee wirkt – Genuss, Gesundheit, Geschichte" zwei kurzweilige sowie genuss- und humorvolle Stunden verspricht. Ernst Janssen ist Inhaber des gleichnamigen Teehauses und hat sich darüber hinaus einen Namen als Experte und Buchautor rund um das Sylter Lieblingsgetränk gemacht. In seinen Abendveranstaltungen bekommen die Besucher jede Menge Informationen zu Geschichte, Anbau und Sortenkunde, aber auch über die Herstellung und die Wirkung des Tees, der selbstverständlich auch verkostet wird. Außerdem finden im „Teehaus Janssen" regelmäßig Kleinkunstabende statt und es gibt natürlich jede Menge Tee zu kaufen, darunter eine große Auswahl an Bioteemischungen, die täglich mit erntefrischen Zutaten nach hauseigenen Rezepturen produziert werden.

Gleich um die Ecke in der Friedrichstraße dreht sich ebenfalls alles um den Tee – und zwar um Tee, den man nicht nur trinken, sondern auch essen kann. Dieser wird bei der „Sylter Tee Company" mit großer Sorgfalt, besten Zutaten und viel Liebe hergestellt. Um zur „Sylter Tee Company" zu gelangen, muss man einfach nur dem köstlich-fruchtigen Duft folgen, der durch die untere Friedrichstraße weht. Der kommt von den frisch aufgebrühten Tees, die vor dem Laden darauf warten, probiert zu werden. Neben essbaren Tees hat sich die Manufaktur auf Früchtetees spezialisiert, wie zum Beispiel die beliebte Mischung „Sylter Winterbowle". Die enthält neben kandierten Ananas- und Papayastückchen Äpfel, Bananen sowie Zimt und Kokos – also alles, was lecker schmeckt und dank schonender Verarbeitung einen extra Vitaminkick verspricht.

## Teepause mit Wohlfühlgarantie

Wer nach dem Stöbern in den Sylter Teegeschäften eine kleine Pause braucht, findet diese in der „Kleinen Teestube" in Keitum – eine der schönsten Locations für Teefans. Von Raritäten aus Indien und Nepal über die klassische „Sylter Brise" bis zum ausgefallenen Schoko-Minz-Tee oder einem exotischen Nilgiri Thiashola – bei über 80 Sorten dauert die Suche nach dem ganz persönlichen Lieblingstee zwar mitunter lang, ist dafür aber auch ausgesprochen lecker. Dazu gibt es hausgemachte Waffeln, eine gemütlich-familiäre Atmosphäre und Spitzendeckchen wie bei Oma. Hier wird einem nicht nur vom Tee warm ums Herz – versprochen.

### INFORMATIONEN

Teehaus Ernst Janssen, Strandstraße 28, 25980 Sylt/Westerland, Tel. (0 46 51) 29 98 11, www.teehaus-janssen.de

Sylter Tee Company, Friedrichstraße 2, 25980 Sylt/Westerland, Tel. (0 56 51) 8 89 17 17, www.syltertee.de

Kleine Teestube, Westerhörn 2, 25980 Sylt/Keitum, Tel. (0 46 51) 3 18 62, www.kleineteestube.com

49

# HEISSER TEE, WARMES HERZ

Zu stürmisch? Zu nass? Dann heißt es: abwarten und Tee trinken – und dabei im „Kontorhaus Sylt“ in Keitum die Zeit und das Schmuddelwetter einfach vergessen.

Wer den perfekten Winter-Wohlfühlort sucht, der findet ihn etwas außerhalb von Keitum, mitten in den Salzwiesen. Hier, am Rande des Naturschutzgebiets, liegt das „Kontorhaus Sylt“, einer der schönsten Rückzugs- und Aufwärmorte der Insel. Dass man sich hier direkt wohlfühlt und bereits beim Betreten das kalt-graue Wetter fast vergessen hat, liegt nicht nur am knisternden Kamin, vor dem gemütliche Sofas zum Verweilen einladen, sondern auch an den warmen Farben des Interieurs und dem verführerischen Duft nach frisch aufgebrühtem Tee. Einer davon heißt passenderweise „Smudel Wedder“ und ist eine klassische Mischung aus verschiedenen einheimischen Kräutern.

Daneben gibt es rund 200 weitere Teesorten, darunter Raritäten wie Gelber Tee oder Oolong Tee aus Formosa, aber auch spezielle Wintertees und natürlich diverse Friesenmischungen. Möchte man diese auf eine ganz besondere Art genießen, dann sollte man unbedingt den nachmittäglichen „High Tea“ buchen – einen alten englischen Brauch, der im „Kontorhaus Sylt“ auch als friesische Variante angeboten wird. Statt der typisch britischen Gurken-Sandwiches und Scones mit Clotted Cream werden dann Heringshappen und Friesenbrot mit Nordseekrabben serviert. Als süßen Abschluss gibt es Rote Grütze und friesischen Butterkuchen – und natürlich den passenden Tee und den einmaligen Ausblick auf die Keitumer Salzwiesen.

Wen es nach dem „High Tea“ noch nicht wieder raus ins Schmuddelwetter zieht, der bleibt einfach länger: entweder zum Stöbern im angeschlossenen Shop, in dem es neben Tee auch ausgewählte Wohnaccessoires gibt, oder aber, um eines der beliebten Teeseminare zu besuchen, die hier regelmäßig angeboten werden. Und wenn sich das Sylter Wetter danach noch immer von seiner stürmisch-nassen Seite zeigt: Im „Kontorhaus Sylt“ gibt es auch sieben traumhaft schöne Gäste-Suiten, in denen man herrlich vom nächsten Frühling träumen kann.

INFORMATIONEN

Kontorhaus Sylt,
Siidik 15, 25980 Sylt/Keitum,
Tel. (0 46 51) 8 89 11 94,
www.kontorhaussylt.de

50

# LECKERES HANDGEMACHT

Ob Meersalz, Pasta, Likör oder Bier – in der „Sylter GenussMacherei" in List findet man hochwertige, authentische Produkte direkt von der Insel.

In List hat Genießen immer Hauptsaison, denn hier, im nördlichsten Ort der Insel, hat Sternekoch Alexandro Pape zusammen mit seiner Frau Filiz 2013 die „Sylter GenussMacherei“ gegründet. Neben der „Sylter Meersalz Manufaktur“ und der „Sylter Pasta Manufaktur“ sowie einer Brauerei finden Genießer hier einen Shop, in dem es die handgemachten Produkte zu kaufen gibt. Zudem veranstaltet Alexandro Pape in seiner „KOCHINSEL“ regelmäßig Events und Kurse zu verschiedenen Themen: Kochentertainment vom Sternekoch und das perfekte Genießerprogramm (nicht nur) für Schlechtwetter-Tage.

Los ging alles vor über zehn Jahren, als Pape die Idee hatte, das erste deutsche Meersalz aus frischem Sylter Nordseewasser zu produzieren. Bis zu 200 Kilogramm des reinen Naturprodukts werden in der Lister Manufaktur täglich verarbeitet und dann in verschiedenen Variationen verkauft. Neben Klassikern wie grobem und feinem Salz sind verschiedene Mischungen sowie eine Variante mit Sylter Heckenrosen erhältlich und – ganz neu – Salzöle, die mit hochwertigem Olivenöl und wahlweise Zitrone, Paprika oder Algen verfeinert werden.

Am Standort in der Hafenstraße stellt das kreative Team der „Sylter GenussMacherei“ zudem die einzige Sylter Pasta her – in Handarbeit und mit ganz viel Liebe. Die Nudelsorten werden nach Originalrezepturen von Alexandro Papes Urgroßvater Antonio gefertigt und mit bestem Sylter Meersalz versehen. In der benachbarten „WATT-Brauerei“, die man, wie auch die beiden anderen Manufakturen, bei Führungen besichtigen kann, wird neben dem beliebten Sylter „WATT-Bier“ auch der „Sôlkör“ hergestellt – eine außergewöhnliche Mischung aus dunklem Insel-Bier, kräftigem Rum und Gewürzen wie Ingwer, Vanille und Sylter Heidehonig. Perfekt zum pur Genießen oder als Grundlage für Cocktails – und definitiv keine Schnapsidee, sondern ein weiteres authentisches Insel-Produkt der „Sylter GenussMacherei“.

INFORMATIONEN

Sylter GenussMacherei,
Hafenstraße 2a, 25992 List,
Tel. (0 46 51) 9 42 90 74,
www.sylter-genussmacherei.de,
www.kochinselalexandropape.de

51

# AUS LIEBE ZUM BUTTERBROT

Im Morsumer „Brød & Smør“ wird dänische Esskultur gelebt. Neben üppig belegten Broten gibt es hier süße Köstlichkeiten und eine große Portion hyggelige Gemütlichkeit.

Morsum, der letzte Ort vorm Festland, bedeutet Ruhe. Um genau zu sein, ist Morsum die Ruhe selbst, denn auch in der Hauptsaison geht es hier sehr viel gemütlicher zu als im Rest der Insel. Besonders schön aber ist der kleine Ort im Herbst und Winter, wenn man sich bei einem langen Spaziergang am Watt die klirrend kalte Nordseeluft um die Nase wehen lassen kann.

Wer anschließend einkehren und sich ein wenig aufwärmen möchte, findet in Morsum eine kleine, aber feine Auswahl an Restaurants und Cafés. Besonders fein ist das „Brød & Smør", denn hier gibt es Essen, das nicht nur satt, sondern auch glücklich macht. Allen voran die Smørrebrøds (Butterbrote), die Inhaberin und Skandinavien-Fan Kim-Eva Mähl täglich mit frischen Zutaten, viel Fantasie und noch mehr Liebe belegt. Die leckeren Brote aus einer dänischen Bäckerei gibt es in süß oder herzhaft, mal einfach mit Butter und Schnittlauch, mal ausgefallen mit geräuchertem Lachs auf Babyspinat. Ob Vegetarier, Fisch-Fan oder Schoko-Lover – hier findet jeder sein Lieblingsbrot.

Die kleine, hyggelige Brotbar kann man gar nicht verfehlen. Zum einen liegt sie direkt am Morsumer Bahnhof und zum anderen muss man einfach nur dem verführerischen Zimtduft folgen. Denn neben belegten Broten gibt es im „Brød & Smør" auch herrlich süße Zimtschnecken und andere dänische Leckereien wie Lakritze, Hotdogs, selbst gemachte Kokosmakronen, eine wechselnde Auswahl an Kuchen und Tagessuppen sowie eine Skyr-Bowl mit Müsli und frischem Obst.

Essen kann man direkt vor Ort in der gemütlichen Brotbar bei Kerzenschein und entspannter Klaviermusik oder bei schönem Wetter auf der kleinen Terrasse. Alle Gerichte gibt es aber auch zum Mitnehmen, sodass man sein Lieblingsbrot während eines Spaziergangs auf einer stillen Bank mit Wattblick genießen kann. Wo auch immer man sich die Morsumer Smørrebrøds schmecken lässt, feststeht: Sie sind das Beste, was eine Scheibe Brot je werden kann.

INFORMATIONEN

Brød & Smør,
Bi Miiren 11, 25980 Sylt/Morsum,
Tel. (01 77) 6 27 27 68,
www.brodandsmor.com

# GROSSE KAFFEE-LIEBE

In der „Kaffeerösterei Sylt“ am Rantumer Hafen steckt in jeder frisch gebrühten Tasse Kaffee ganz viel Liebe – und das schmeckt und fühlt man.

Die „Kaffeerösterei Sylt" ist für viele der perfekte Zwischenstopp auf einer Radtour rund ums Rantumbecken – ein ebenso guter wie schneller Kaffee auf die Hand und weiter geht's. Wie schön, wenn es dann endlich mal wieder regnet und die geplante Radtour buchstäblich ins Wasser fällt. Denn dann hat man alle Zeit der Welt, sich durch die zahlreichen Kaffeesorten und die hausgemachten Backwaren zu probieren und die entspannte Atmosphäre in der Kaffeerösterei zu genießen. Beim Betreten der ehemaligen Lagerhalle am Rantumer Hafen fühlt man sich nicht nur direkt wohl, sondern auch wie bei Oma in der Küche, wo es herrlich nach frisch gebrühtem Kaffee und leckerem Kuchen riecht. Optisch ist der Laden von Rösterei-Chef Christian Appel aber alles andere als Omas Küchen-Style, vielmehr versprüht er jede Menge Industriecharme, ist dabei aber dennoch richtig gemütlich.

Vor allem während des Vogelszugs im Frühling und Herbst lohnt es sich, länger zu bleiben. Dann ist über dem Himmel der Kaffeerösterei, die nur einen Katzensprung vom Vogelschutzgebiet Rantumbecken entfernt ist, einiges los. Dank der bereitliegenden Ferngläser kann man mit etwas Glück beim Cappuccino seltene Vogelarten beobachten und sollten mal keine Gänse oder Knutts vorbeifliegen, dann beobachtet man einfach das herzlich engagierte Team der Kaffeerösterei bei der Arbeit. Mit jeder Menge Herzblut und Leidenschaft wird hier gebrüht, geschäumt, geröstet und den Gästen dabei geholfen, ihre ganz persönliche Lieblingskaffeemischung zu finden. Jede der ausgewählten Kaffeesorten, die regelmäßig mitten im Café vor den Augen der Gäste geröstet werden, gibt es übrigens auch zum Mitnehmen – für die perfekte Tasse Kaffee zu Hause, bei der man herrlich vom nächsten Sylt-Urlaub träumen kann, in dem es hoffentlich wieder ordentlich regnet, damit man viel Zeit und Ruhe hat, einen ganzen Nachmittag in der Kaffeerösterei zu verbummeln.

INFORMATIONEN

Kaffeerösterei Sylt,
Hafenstraße 9,
25980 Sylt/Rantum,
Tel. (0 46 51) 2 99 57 57,
www.kaffeeroesterei-sylt.com

# IMMER WAS LOS

Events, Kultur & Co.

**Actionreiche Sport-Highlights, traditionelle Veranstaltungen oder buntes Familienprogramm – auf Sylt hat Langeweile in der Nebensaison keine Chance.**

53

# GRÜNKOHL UND GLÜHWEIN

Das traditionelle Biike-Brennen am 21. Februar gehört zum Immateriellen Kulturerbe der UNESCO und gilt als heimlicher Nationalfeiertag der Friesen.

In einer Hand eine Fackel, in der anderen eine Tasse Glühwein und im Herzen ganz viel Inselglück – so erleben die meisten Sylt-Gäste den 21. Februar, der für die Friesen der wichtigste Tag im Jahr ist. Denn dann wird nicht nur mithilfe riesiger Feuer traditionell der Winter von der Insel vertrieben, sondern es ist auch der Tag, an dem ganz Sylt zusammenkommt: Ob Insulaner, Stammgäste oder Sylt-Neulinge – am Biike-Feuer ist jeder gleich und jeder willkommen. Gemeinsam zieht man in einem Fackelzug, oftmals begleitet von einer Kapelle, zu einem der neun Biike-Plätze. Bereit zum Entzünden liegen dort meterhoch aufgetürmter Reisig, altes Reet und übrig gebliebene Weihnachtsbäume.

Bis es so weit ist, heißt es aber erst einmal abwarten und Tee (oder Glühwein) trinken, und zwar so lange, bis Bürgermeister, Pastoren und andere bedeutende Sylter ihre Reden gehalten haben, von denen die letzte immer mit den magischen Worten „Tjen die Biiki ön“ endet. Das ist das Zeichen, die Fackeln in den Haufen zu werfen, um die Biike zu entzünden und dann andächtig in die Flammen zu schauen und gemeinsam die friesische Sylt-Hymne „Üüs Söl'ring Lön“ („Unser Sylter Land“) zu singen. Wer trotz Feuer und heißen Getränken bisher noch gefroren hat – spätestens jetzt wird es allen warm ums Herz.

Apropos warm: Die Jacke, die man am Biike-Abend trägt, sollte nicht nur eben genau das sein, sondern am besten auch noch alt – denn Brandlöcher durch fliegende Funken lassen sich ebenso wenig vermeiden wie der Rauchgeruch, der noch Tage danach in der Kleidung hängt. Nicht wundern, wenn sich unter diesen bisweilen der herzhafte Duft nach Grünkohl mischt. Denn den gibt es traditionell am Abend des 21. Februar in den Sylter Restaurants (unbedingt reservieren) – wahlweise mit Kassler oder Kochwurst, immer aber mit diesem ganz besonderen Zusammengehörigkeitsgefühl, das den Biike-Abend so einzigartig macht.

INFORMATIONEN
zu den neun Biike-Feuern auf
www.insel-sylt.de/biike

54

# REBENMEER AM WATTENMEER

**Das Kapitänsdorf Keitum ist der nördlichste Weinbauort Deutschlands, durch dessen Weinberge Sommelier Nils Lackner regelmäßig Erlebnistouren anbietet.**

Herbstzeit ist Weinzeit – und das auch auf Sylt, denn in Keitum gibt es gleich zwei Weinberge, dank derer das Dorf am Wattenmeer als nördlichster Weinbauort Deutschlands gilt, in dem neben Weißwein auch Sekt gekeltert wird. Auch wenn man es kaum glauben mag, aber auf Sylt herrschen optimale Bedingungen, um die weißen Trauben besonders gut reifen zu lassen. So scheint die Sylter Sonne im Jahr über 1700 Stunden und damit häufiger als in so manchem süddeutschen Weinbaugebiet. Da die Sylter Rebsorte „Solaris“ sehr robust und dazu noch deutlich früher reif ist als andere Trauben, findet die Keitumer Lese meistens schon im September statt.

Einer, der Wein nicht nur liebt, sondern auch alles über ihn weiß, ist der Sylter Sommelier und Weindozent Nils Lackner. Mit seinem Team bietet er seit 2015 kulinarische Erlebnisse und Touren über die Insel an. Besonders beliebt sind die Weinerlebnistouren durch Keitum und die beiden Weinberge mit jeder Menge Anekdoten, sowie Wissenswertem rund um den Sylter Wein, der auf den Touren natürlich auch probiert werden darf. Vor allem an einem sonnigen Herbsttag, wenn die Reben voller Trauben hängen und sich ihre Blätter langsam bunt färben, ist das ein einmaliges Erlebnis, bei dem man schnell vergisst, dass man sich auf Sylt und nicht in der Toskana befindet.

Neben kulinarisch-kulturellen Spaziergängen und Weinbergtouren bietet Nils Lackner auch eine geführte E-Bike-Tour an, die ihren Abschluss in einer Genussrunde mit Keitumer Wein, Sylter Champagnerbier und leckerem Deichkäse findet. Wer es noch etwas außergewöhnlicher mag, bucht eine exklusive Weinprobe auf dem Fischkutter. Während der Fahrt um die Nordspitze der Insel kann man sich die frische Meeresluft um die Nase wehen lassen und Weine von Sylt und von der Nachbarinsel Föhr verköstigen – und dabei Nils Lackner lauschen, der mit seiner sympathischen Art und seinem Weinwissen sowohl Weinliebhaber als auch absolute Neulinge begeistert.

INFORMATIONEN

Weinbergtouren,
25980 Sylt/Keitum,
Tel. (01 52) 28 75 98 36,
www.nilslackner.com

55

# TRADITIONELLE INSEL-WEIHNACHT

**Wenn die Tage kürzer werden und die hektische Betriebsamkeit besinnlichem Lichterzauber weicht, dann beginnt für viele Insulaner die schönste Zeit des Jahres, in der man zusammenrückt und alte friesische Traditionen lebendig werden lässt.**

Zu diesen Traditionen gehört auch der „Jöölboom", die Sylter Variante des klassischen Weihnachtsbaums. Der ist heute eine geliebte und in vielen Sylter Familien immer noch gelebte Tradition, Anfang des 19. Jahrhunderts war er aber eher eine Notlösung. Da es damals so gut wie keine Bäume auf der Insel gab, erfanden die Sylter kurzerhand den „Jöölboom" und stellten ihn sich statt einer Tanne ins Wohnzimmer. Der „Jöölboom" besteht aus einem mit Salzteigfiguren geschmückten Holzgestell, um das ein Kranz aus Efeu oder Buchsbaum gebunden wird. Dazu vier Kerzen – für jeden Adventssonntag eine – ein paar Schleifen oder Äpfel als Deko und fertig ist die garantiert nadelfreie Sylter Weihnachtsbaum-Alternative.

Im „Sylter Heimatmuseum" in Keitum treffen sich übrigens jedes Jahr Ende November Gäste und Einheimische zum gemeinsamen „Jöölboom"-Kranz-Binden. Gegen eine Spende können auch Gestelle und Figuren erworben werden. Anmeldung unbedingt erforderlich (Termine unter www.soelring-museen.de).

## Nichts für Warmduscher

Noch nicht ganz so alt wie die Tradition des „Jöölbooms" ist das Sylter Weihnachtsbaden, das seit fast 40 Jahren immer am 26. Dezember am Strand vor der Westerländer Musikmuschel stattfindet. Unter dem Gejohle zahlreicher Zuschauer – alle warm eingepackt und mit einem Becher Glühwein in der Hand – stürzen sich um Punkt 14.30 Uhr die meist mehr als 100 Teilnehmer bei Wassertemperaturen zwischen fünf und acht Grad in die Nordsee. Ob in Badeklamotten, bunten Kostümen oder im FKK-Style bleibt dabei jedem selbst überlassen – nur Kneifen gilt nicht. Danach gibt's für die mutigen Schwimmer ein heißes Getränk und für alle Musik vom Sylter Shanty-Chor zum Warmschunkeln. Mitmachen statt einfach nur zugucken? Anmelden kann man sich am 26. Dezember bis kurz vor dem Startschuss vor der „Galerie am Meer" auf der Promenade.

55

## Glühwein und Gemütlichkeit: die Sylter Weihnachtsmärkte

Um einiges trockener und beschaulicher geht es auf den Advents- und Weihnachtsmärkten zu, die die einzelnen Inselorte jedes Jahr mit viel Liebe und Herzblut organisieren. Sie sind gemütlich-geselliger Treffpunkt für Einheimische und Gäste, um mit einem Becher Punsch mal ganz in Ruhe zu schnacken. Dazu gibt es leckere friesische Weihnachtsspezialitäten und außergewöhnliche, größtenteils handgemachte Deko und Geschenke.

Der Sylter Wintermarkt findet in der „Neuen Mitte“ in Westerland statt und hat in der Regel von Anfang Dezember bis Anfang Januar geöffnet. Die Veranstalter richten den Markt nach dem dänischen Hygge-Prinzip aus, das für Glück, Geselligkeit und Gemütlichkeit steht und mit dem sie dieses ganz besondere Lebensgefühl in den Alltag ihrer Gäste bringen möchten. Neben vielen Ständen und einem Besuch vom Weihnachtsmann gibt es jedes Jahr einen Wettbewerb, bei dem die schönste selbst bemalte Weihnachtskugel Sylts gekürt wird (Infos und Öffnungszeiten unter www.sylterwintermarkt.de).

Noch etwas hyggeliger geht es auf den dänischen Weihnachtsmärkten im „Dansk Kulturhus“ in List und in der Dänischen Schule in Keitum zu. Hier gibt es alles, was man von einem echt dänischen Jule Basar erwartet: skandinavische Geschenkideen und Weihnachtsdeko, dänische Leckereien wie Hotdogs, Jule Gløgg (Glühwein) oder Æbleskiver (Weihnachtsgebäck) und obendrauf jede Menge dänisches Lebensgefühl. Die beiden Märkte finden traditionell bereits im November statt (Termine unter www.insel-sylt.de/weihnachtsmaerkte).

## Lieblingsweihnachtsmärkte für jeden

Friesisch traditionell statt dänisch hyggelig wird es seit über 30 Jahren beim Markt „Jööltir ön Muasem“ in Morsum, zu dem die Morsumer Kulturfreunde immer am ersten Dezemberwochenende einladen. In der weihnachtlichen Holzbudenstadt vor dem „Muasem Hüs“ wird Kunsthandwerk, Selbstgemachtes und Antikes angeboten, dazu gibt es Sylter Weihnachtsspezialitäten und leckeren Glühwein.

Nicht verpassen sollte man zudem das Lichterfest der „Sylter Werkstätten“, bei dem es handgefertigte Kerzen und selbst gemischtes Müsli zu kaufen gibt, den „Keitumer Scheunenmarkt“ in der Halle der „Sylter Landschlachterei“ sowie die zahlreichen Punschbuden, die während der Weihnachtszeit auf der ganzen Insel zu finden sind. Außerdem veranstalten viele Sylter Restaurants und Geschäfte kleinere Märkte und Ausstellungen.

Also am besten mit offenen Augen durch die weihnachtlich geschmückten Inseldörfer bummeln und dabei seinen ganz persönlichen Lieblingsmarkt entdecken.

**Extratipp:** Petra Brüggen (instagram.com/loulovesbirds.sylt) bemalt beim Kampener Weihnachtsmarkt und bei den dänischen Märkten in List und Keitum Weihnachtskugeln nach Wunsch.

**INFORMATIONEN**

Übersicht aller Märkte auf www.insel-sylt.de/weihnachtsmaerkte

56

# DIE INSEL-INSIDERIN

Gästeführerin Silke von Bremen zeigt auf ihren Führungen, dass Sylt viel mehr ist als alles, was man bisher über die Insel gehört, gesehen oder gelesen hat.

Wer Sylt mit all seinen Facetten kennenlernen und die Insel abseits der zwar sehr schönen, aber eben auch sehr bekannten Touristenpfaden entdecken möchte, für den führt an einer Frau kein Weg vorbei: Silke von Bremen. Die leidenschaftliche Wahl-Sylterin ist Autorin sowie zertifizierte Gästeführerin und weiß so gut wie alles über ihre Insel. Sie kennt Sylts Geschichte genau wie die Geschichten um die Insel – die schönen und die traurigen, die lustigen und die schaurigen. Ihr Wissen gibt sie auf ihren privaten Führungen gerne an die Gäste weiter – mit viel Herzblut, Witz und jeder Menge Charme. Denn genau das macht die Touren, für die man Silke von Bremen buchen kann, aus: Sie sind nicht nur informativ, sondern auch ziemlich unterhaltsam – und das sogar an stürmischen Herbst- und kalten Wintertagen, denn im Gegensatz zu vielen anderen Sylt-Führungen finden ihre Touren das ganze Jahr über statt.

Besonders beliebt sind Silke von Bremens „Insidertouren“, auf denen man in die Sylter Vergangenheit eintaucht und auf Menschen trifft, die ihre Spuren auf der Insel hinterlassen haben – mal berühmte, mal unbekannte, aber alle mit einer besonderen Geschichte, die Silke von Bremen viele Jahre später noch einmal erzählt. So zum Beispiel die Geschichte der Sylter Frauen des 18. Jahrhunderts, die sich oft monatelang allein um Haus, Hof und Kinder kümmerten, während ihre Männer als Walfänger oder Kapitäne auf See unterwegs waren.

Oder die Geschichte der vergessenen Künstler, die Kampen Anfang des 20. Jahrhunderts zum kulturellen Treffpunkt der Insel machten, bevor es einige Jahrzehnte später von Stars, Sternchen und dem ein oder anderen Playboy eingenommen wurde. Ihnen widmet sich die Tour „Abgedreht – die wilden 60er-Jahre“, die einen das Sylt von heute mit ganz anderen Augen sehen lässt und nach der man die Insel dank Silke von Bremen garantiert noch mehr in sein Herz geschlossen hat.

INFORMATIONEN

Silke_von_Bremen

Buchungsmöglichkeiten sowie Informationen zu den verschiedenen Touren auf www.guideaufsylt.de

57

# GESTREIFTE RÜCKZUGSORTE

Die Sylter Strandkörbe sind der perfekte Ort, um stundenlang windgeschützt aufs Meer zu schauen, und können jedes Jahr im Herbst zu Schnäppchenpreisen ersteigert werden.

An den Stränden zwischen Hörnum und List warten von April bis Oktober rund 12.000 blau-weiß gestreifte Lieblingsplätze auf ruhesuchende Inselfans. Am Ende der Saison, bevor die ersten Herbststürme über Sylt hinwegfegen, treten sie ihre wohlverdiente Winterruhe an – aber nicht, ohne vorher repariert und fürs nächste Frühjahr hübsch gemacht zu werden. Das klappt nicht bei allen Strandkörben, denen Wind und Salzwasser oftmals sehr zusetzen. Mehrere Hundert Körbe müssen daher jedes Jahr ausgetauscht werden. Nachschub liefert die Strandkorbmanufaktur, die seit 1974 die Körbe in Handarbeit herstellt. An jedem Korb arbeiten 14 spezialisierte Handwerker wie Tischler, Polsterer und Lackierer, wobei allein das Flechten des Korpus bis zu neun Stunden dauert. Aus über 60 Modellen und rund 200 Bezügen kann man sich bei dem Familienunternehmen am Rantumer Hafen seinen ganz persönlichen Lieblingskorb zusammenstellen und sich damit ein Stück Sylt in den heimischen Garten holen.

Nicht ganz so viel Auswahl, dafür deutlich günstigere Preise gibt es bei der Strandkorb-Versteigerung der Kurverwaltung List, die jedes Jahr im Oktober stattfindet. Dort kommen jährlich 40 ausrangierte Körbe unter den Hammer. Das Startgebot liegt bei rund 100 Euro, was für einen voll funktionstüchtigen, gereinigten und generalüberholten Sylter Strandkorb ein echter Schnäppchenpreis ist. Die zur Versteigerung stehenden Körbe können eine Woche vor der Auktion im Lister Hafen angeschaut und ein verbindliches Vorabangebot abgegeben werden. Bietet bei der Versteigerung keiner der Anwesenden mehr, ist man stolzer Strandkorbbesitzer und kann sich den blau-weiß gestreiften Rückzugsort deutschlandweit gegen Gebühr nach Hause liefern lassen. Und mit etwas Glück findet man in einer der vielen kleinen Ritzen sogar noch eine Prise echten Nordseesand …

INFORMATIONEN

Versteigerung im Erlebniszentrum Naturgewalten Sylt, Hafenstraße 37, 25992 List, Infos zur Versteigerung auf www.list-sylt.de/events

# SILVESTER MAL ANDERS

**Zum Jahreswechsel setzen die traditionsbewussten Morsumer auf Brauchtum statt auf Böller und machen die letzte Nacht des Jahres zu einer ganz besonderen.**

Während andernorts das alte Jahr mit Böllern und Raketen verabschiedet wird, knallen auf Sylt an Silvester nur die Korken, denn Feuerwerk ist wegen der vielen brandgefährdeten Reetdachhäuser auf der Insel verboten. Einzige Ausnahme: das offizielle Höhenfeuerwerk über dem Hörnumer Hafen.

Wem der Sinn in der letzten Nacht des Jahres eher nach Brauchtum als nach Böllerei steht, der ist in Morsum genau richtig, denn hier im Inselosten begibt man sich an Silvester auf eine Reise in die Vergangenheit, zu der auch Gäste herzlich eingeladen sind. Statt Fondue und Feuerwerk gibt es hier an „Niijaarsinj", wie die Sylter den 31. Dezember nennen, „Rummelpott" und „Maskenloop". Bei beiden Bräuchen ziehen maskierte und verkleidete Morsumer durch den Ort – bei Ersterem am Nachmittag die kleinen Dorfbewohner, bei Zweiterem abends die größeren. Sie alle laufen von Haus zu Haus und bringen ihren Nachbarn ein friesisches Ständchen, tragen ein Gedicht vor oder führen einen Sketch auf.

Damit das Ganze nicht nur Spaß, sondern auch richtig Krach macht, haben viele der Kinder Töpfe oder andere Gefäße dabei, auf die sie voller Inbrunst schlagen, um damit laut der Tradition böse Geister zu vertreiben. Oder um einfach nur Lärm zu machen.

Zur Belohnung gibt's für die kleinen Rummelpott-Läufer Süßes, für die Erwachsenen, die sich abends auf den Weg machen, Hochprozentiges. Bei ihrem „Maskenloop" geht es aber nicht nur um Schnaps und Spaß, sondern auch um ernste Themen, die die Sylter das Jahr über beschäftigt haben: Ob fehlender Mietraum für Insulaner, Leerstände und Schließungen von Geschäften oder die immer weiter steigenden Immobilienpreise – am letzten Tag des Jahres darf und muss das alles mal gesagt werden. Und zwar meistens auf Friesisch, was es für Nicht-Sylter zwar etwas schwer verständlich, aber deshalb nicht weniger unterhaltsam macht. Und auf jeden Fall besonders, denn böllern kann an Silvester schließlich jeder.

**INFORMATIONEN**
„Rummelpott" und „Maskenloop",
25980 Sylt/Morsum

59

# UNTER DEN STERNEN VON SYLT

**Die Führung „Hörnum bei Nacht“ ist ein Erlebnis für alle Sinne – in völliger Dunkelheit, aber nicht bei völliger Stille, denn nachts ist im Watt einiges los.**

Auch der größte „Sylt-im-Winter-Fan“ hat sich wahrscheinlich schon einmal an einem grauen Dezembernachmittag, an dem die Sonne bereits gegen 16 Uhr im Meer versinkt, zurück in den Sommer geträumt. Kein Wunder, denn die Sylter Sommernächte, in denen die Sonne erst am späten Abend untergeht und es gefühlt nie richtig dunkel wird, sind tatsächlich etwas sehr Besonderes. Aber die frühe Dunkelheit im Herbst und Winter hat – man mag es nicht glauben – tatsächlich auch Vorteile. Welche, weiß die „Schutzstation Wattenmeer“ in Hörnum. Sie bietet die ebenso spannende wie informative Naturerlebniswanderung „Hörnum bei Nacht“ an, die nur bei völliger Dunkelheit stattfindet und in deren Genuss daher ausschließlich Inselgäste kommen, die von Oktober bis März auf der Insel sind.

Die anderthalbstündige Führung nimmt Interessierte jeden Alters mit auf eine ganz besondere Reise durch die Nacht, in der es im Nationalpark Wattenmeer gar nicht so ruhig zugeht, wie man denkt. Denn nicht alle Tiere schlafen während der Dunkelheit, viele werden erst bei Sonnenuntergang munter. So wie die nachtaktive Sandgarnele, die tagsüber meistens eingegraben im Boden liegt und sich nachts auf die Suche nach Futter macht. Aber auch einige Vögel sind nach Einbruch der Dämmerung noch aktiv und oftmals ist ihr Piepen und Zwitschern das einzige Geräusch, das beim nächtlichen Spaziergang durch die Dünen zu hören ist.

Neben Wissenswertem rund um den Lebensraum Watt und seine nachtaktiven Bewohner erfahren die Teilnehmer zudem, was den Sylter Nachthimmel so einzigartig macht und wie der Mond Ebbe und Flut beeinflusst. Passend zu der besonderen Stimmung, die nachts am Meer herrscht, wird es dann auch noch ein wenig schaurig, wenn es um die Sagen und Legenden der alten Friesen geht. Spätestens dann steht fest: Sylter Herbst- und Winternächte sind nicht nur kurz, sondern auch ganz schön kurzweilig.

**INFORMATIONEN**

Start der Führungen:
Hafenstraße 1, 25980 Sylt/Rantum
www.schutzstation-wattenmeer.de/veranstaltungen

60

HOMER
ILIAS
KAREN KÖHLER
STEFAN GEORGE
Die Entdeckung des Charisma
STEFAN GEORGE
BOB DYLAN
LYRICS 1962-2001

# KULTUR UND KULINARIK

**Fünf außergewöhnliche Insel-Hotels laden im November zum „Langen Literaturwochenende" ein und machen Sylt zum herbstlichen Treffpunkt für Buchliebhaber.**

Wenn Literatur und Kulinarik aufeinandertreffen und in dem wunderschönen Ambiente eines exklusiven Hotels stattfinden, dann ist November auf Sylt – und der ist unter Freunden guter Literatur schon lange kein Geheimtipp mehr. Denn seit zehn Jahren veranstalten die „PRIVATHOTELS SYLT", ein Zusammenschluss von fünf außergewöhnlichen, privat geführten Sylter Hotels, das „Lange Literaturwochenende". Das hat sich bereits seit seiner Premiere im Herbst 2014 weit über die Inselgrenze hinaus einen Namen gemacht und lockt jedes Jahr über 1000 Gäste nach Sylt. Grund dafür ist nicht nur die lange Liste hochkarätiger Autoren, die über mehrere Tage aus ihren Werken lesen und für anregende Gespräche, spannende Veranstaltungen sowie gerne auch mal eine Buchsignierung oder ein Foto zur Verfügung stehen. Auch die Orte, an denen die verschiedenen Veranstaltungen stattfinden, machen das „Lange Literaturwochenende" zu einem ganz besonderen Erlebnis für alle, die gute Bücher ebenso sehr schätzen wie guten Rotwein und Lust auf einen literarisch-kulinarischen Insel-November haben.

Gelesen, gegessen und genossen wird in den fünf Privathotels „Benen-Diken-Hof" in Keitum, Hotel „Budersand" in Hörnum, „Fährhaus Sylt" in Munkmarsch sowie „Hotel Rungholt" in Kampen und „Landhaus Stricker" in Tinnum. Dort finden die 11-Uhr-Matinees und Abendveranstaltungen mit jährlich wechselnden Autorengrößen wie Elke Heidenreich, Jörg Thadeusz oder dem Spiegel-Chefredakteur Stefan Aust statt. Im Anschluss an die Abendlesungen servieren die jeweiligen Hotel-Restaurants ein Gourmet-Überraschungsmenü.

Wer nicht nur außergewöhnliche Bücher und die dazugehörigen Autorinnen und Autoren kennenlernen möchte, sondern auch die veranstaltenden Hotels, kann das „Lange Literaturwochenende" auch mit Übernachtung in seinem ganz persönlichen Lieblingshotel buchen.

**INFORMATIONEN**

Langes_Literaturwochenende,
Kontakte und Adressen auf
www.privathotels-sylt.de

61

# VALENTINSTAG AUF SYLT

Am 14. Februar, dem wohl romantischsten Tag des Jahres, liegt nicht nur der Geruch nach Meer und Fischbrötchen in der Sylter Luft, sondern auch ganz viel Liebe. Denn die Insel bietet alles, um den Valentinstag zu etwas ganz Besonderem zu machen.

Falls man seinem Lieblingsmenschen nicht nur sein Herz, sondern auch noch Blumen schenken möchte, ist man bei Blumen Hansen (Kirchenweg 10, 25980 Sylt /Westerland) genau richtig: In dem Traditionsgeschäft, das seit 1950 Blumenträume wahr werden lässt, gibt es nicht einfach nur Sträuße, Gestecke und Kränze, sondern wahre florale Kunstwerke.

Eine bleibende Erinnerung schaffen die besonderen Schmuckstücke des Goldschmiedeateliers Raspé (Terpstich 15, 25980 Sylt/Morsum), in die Steine von Sylter Stränden eingearbeitet werden.

## Romantikfrühstück für zwei

Überreichen lässt sich die kleine (oder etwas größere) Aufmerksamkeit am besten bei einem ausgiebigen Frühstück, mit dem man sich für den Tag zu zweit stärken kann. Ein ganz besonderer Ort dafür ist das „Fährhaus Sylt", idyllisch gelegen am Munkmarscher Yachthafen zwischen Wald und Watt. Im 19. Jahrhundert diente es Reisenden, die mit der Fähre nach Sylt kamen, als Wartehalle. Heute kann man hier im hübschen Restaurant frühstücken und es sich am warmen Kachelofen oder in einer der Sitzecken mit Wattblick gemütlich machen.

In Kampen wartet das ebenfalls sehr romantische Restaurant „Vogelkoje" auf frühstückshungrige Verliebte – und zwar wahlweise mit einem Champagnerfrühstück für zwei oder einer der vielen anderen Variationen, die man beim Blick in einen der schönsten Gärten der Insel genießen kann.

## Gemeinsamzeit genießen

Entspannung im Doppelpack bietet das „Syltness Center" in Westerland, bei dem man eine Pärchen-Wellnessbehandlung buchen kann. Nach einer warmen Kräuterpackung und einer wohltuenden Massage lässt es sich bei einer Tasse Tee herrlich zusammen abschalten und Kraft tanken.

Romantische Zweisamkeit kann man auf Sylt auch bei einer Kutschfahrt durch das hübsche Kapitänsdorf Keitum und die Umgebung genießen.

## Ein Platz für die Liebe

Ein paar Kilometer weiter nördlich, am Lister Hafen, kann man seine Liebe symbo-

lisch auf ewig mit Sylt verbinden. Dort hängen hinter dem Restaurant „Piratennest“ riesige Metallbuchstaben, die zusammen das Wort „Love“ ergeben und an denen man als Zeichen ewiger Verbundenheit ein Liebesschloss anbringen kann. Direkt neben den Buchstaben steht das „Hochzeitsbänkli“, auf dem Verheiratete und solche, die es noch werden wollen, händchenhaltend den Blick aufs Meer genießen können.

## Sonnenuntergansdinner bei Kerzenschein

Als kulinarische Krönung des romantischen Tags empfiehlt sich der Besuch des Kult-Restaurants „Sansibar“ in den Rantumer Dünen. Hier gibt es abends kein elektrisches Licht, dafür aber unzählige Kerzen, die die gemütliche Holzhütte erhellen, und dazu hervorragendes Essen sowie einen aufmerksamen Service. Und wem zum perfekten Valentinstagsglück noch ein Fünkchen mehr Romantik fehlt, der darf sich auf den Moment freuen, wenn die Sonne leuchtend rot im Meer versinkt und dazu das Lied der „Capri-Fischer“ erklingt.

### INFORMATIONEN

Fährhaus_Sylt, vorab reservieren auf www.faehrhaus-sylt.de

Kutschfahrt_durch_Keitum, vorab telefonisch buchen bei Matthias Tölke, Tel. (01 75) 2 07 43 00

Restaurant_Vogelkoje, Reservierungen unter www.vogelkoje.de

Syltness_Center, Wellnessbehandlungen buchen auf www.syltnesscenter.de

Liebesschlösser_mit_Gravur, www.syltiges.de

62

# AUF DIE BRETTER, FERTIG, LOS!

**Beim „Windsurf World Cup Sylt" treffen sich im Herbst die weltweit besten Surfer auf der Insel und hoffen auf hohe Wellen und perfekten Wind.**

Der Sylter Wind, der vor allem in der Nebensaison gerne mal so richtig aufdreht und zeigt, was er kann, ist nicht nur berüchtigt, sondern auch berühmt. Und zwar weit über die Grenzen Deutschlands und sogar Europas hinaus. Denn nur wegen ihm, dem Sylter Wind, zieht es im Herbst mehr als 100 Surf-Profis aus der ganzen Welt auf die Insel. Mit dem „Windsurf World Cup Sylt" findet jedes Jahr zwischen Ende September und Anfang Oktober am Brandenburger Strand in Westerland das größte Surf-Event der Welt statt.

Zehn Tage lang hoffen dann Zuschauer und Teilnehmer darauf, dass der Sylter Wind seinem Ruf gerecht wird und für spannende Wettbewerbe sorgt. Diese werden in den drei Surf-Disziplinen Wellenreiten, Freestyle und Slalom ausgetragen – ob und an welchem Tag entscheidet jeden Morgen der Race Director nach einem kritischen Blick auf die Windvorhersage und in den Sylter Himmel. Nach seinem „Go“ heißt es dann ab aufs Wasser und den Wind und die Wellen bezwingen. Die mehr als 200.000 Zuschauer, die den Worldcup jedes Jahr besuchen, dürfen sich dann auf rasante Geschwindigkeiten, spektakuläre Wendemanöver und waghalsige Sprünge freuen.

Doch auch wenn die Wetterbedingungen es nicht zulassen und die Surfer mal an Land bleiben müssen, wird es garantiert nicht langweilig: Auf der Promenade sorgen ein buntes Rahmenprogramm und eine große Zeltstadt für Unterhaltung – und für Unterstellmöglichkeiten bei kurzen (oder längeren) Schauern. Bei freiem Eintritt gibt es hier leckeres Essen, originelle Pop-up-Stores sowie Meet and Greets mit den Profis und abends bei den legendären DJ-Partys ausgelassene Stimmung bis weit nach Sonnenuntergang. Das Besondere aber ist die einzigartige internationale Atmosphäre, die während des Worldcups – zusammen mit hoffentlich surftauglichem Wind – über die Insel weht und der sich weder Profis noch Publikum entziehen können.

INFORMATIONEN

Windsurf_World_Cup_Sylt,
Brandenburger Strand/
Kurpromenade,
25980 Sylt/Westerland,
www.windsurfworldcup.de

63

# EIN BESONDERER SCHLUCK SYLT

**Einzigartige Produkte direkt von der Insel gibt es bei den „Sylt Distillers“, die in Rantum ebenso hochwertigen wie hochprozentigen Whisky herstellen.**

Kaum ein Getränk passt so perfekt zu langen Sylter Winterabenden wie Whisky – erst recht, wenn er direkt auf der Insel, am Rande des Wattenmeers, hergestellt wird. Verantwortlich für diesen besonderen Whisky sind die „Sylt Distillers“ mit Sitz im Rantumer Hafen. Dort wird seit einigen Jahren mit viel Liebe, Geduld und Herzblut der „Sylter HAVEN Whisky“ produziert, der teilweise über fünf Jahre in großen Bourbon- oder Sherryfässern direkt hinter dem Deich lagert. Was den Insel-Whisky so einzigartig macht, sind nicht nur die hochwertigen Destillate, sondern vor allem die Veredelung mit echtem Meersalz. So entsteht das außergewöhnliche Sylt-Aroma mit einer leichten Sherrynote, dem Geschmack nach dunklen Früchten und Vanille – und natürlich einem Hauch Salz. Ein ganz besonderes Geschmackserlebnis.

Diesen und über 300 weitere exklusive Whiskys aus der ganzen Welt können Kenner und Genießer ebenso wie Whisky-Neulinge in der nördlichsten Destille Deutschlands bei einem Tasting kennenlernen. In entspannt-gemütlicher Atmosphäre werden internationale Whisky-Highlights verkostet, während die Experten der „Sylt Distillers“ die Gäste mit spannendem Hintergrundwissen zur Whisky-Herstellung und interessanten Geschichten aus international bekannten Brennereien unterhalten. Angeboten werden auch Führungen durch das Kontor und die Brennerei sowie ausgewählte Tastings mit schottischer Dudelsack-Begleitung.

Alle verkosteten Whiskys gibt es natürlich direkt vor Ort zu kaufen, ebenso viele andere Besonderheiten wie exklusive Gin- und Likörsorten, selbst kreierte Tees und handgemachte Fudges sowie den Aquavit „Sylter Brandung“ und den „Sylter REED Gin“ – beides ebenfalls auf der Insel destilliert und mit weichem Sylter Wasser verfeinert. Ein Schluck Sylt für zu Hause und ein ungewöhnliches Geschmackserlebnis – so wie alles, was die „Sylt Distillers“ mit viel Leidenschaft und Liebe am Rantumer Deich herstellen.

**INFORMATIONEN**

Sylt Distillers,
Hafenstraße 14, 25980 Sylt/Rantum, Tel. (0 46 51) 9 95 90 26,
www.sylt-distillers.de

64

# KEINE CHANCE FÜR LANGEWEILE

**Während der „Familienwochen" in den Oster- und Herbstferien verwandelt sich Sylt in ein kunterbuntes Mitmachparadies für kleine Inselgäste.**

Für viele Sylt-Fans sind die Sommerferien die schönste Zeit des Jahres. Dann heißt es: ab auf die Insel – und zwar mit der ganzen Familie und jeder Menge Strand-Equipment im Gepäck. Denn was gibt es Schöneres, als in den Ferien den ganzen Tag am Meer zu verbringen? Im Sommer tatsächlich nicht viel, im Frühling und Herbst hingegen jede Menge. Denn auch ohne Strandwetter und Buddel-Marathons ist Sylt die perfekte Familieninsel. Und zweimal im Jahr wird sie sogar noch familienfreundlicher, nämlich dann, wenn bei den „Familienwochen" die Kinder die Urlaubsplanung in die Hand nehmen und nach Herzenslust aus dem kunterbunten Mitmachprogramm aussuchen dürfen, was sie als Nächstes unternehmen wollen.

Die „Familienwochen" sind ein fester Bestandteil des Sylter Veranstaltungskalenders und finden in der Regel Ende März oder Anfang April sowie Anfang Oktober statt, wenn in den meisten Bundesländern Oster- und Herbstferien sind. Für rund zwei Wochen ist Sylt dann fest in der Hand seiner kleinen Gäste, für die auf der ganzen Insel Workshops, Führungen und Veranstaltungen angeboten werden – das perfekte Anti-Langeweile-Programm für Schlechtwetter-Ferien.

Bei den „Familienwochen" werden Mini-Sylt-Fans zu kreativen Künstlern, neugierigen Entdeckern und engagierten Naturschützern, die den ganzen Tag tüfteln, kochen, backen, basteln und verschiedene Sportarten ausprobieren dürfen. Dank des abwechslungsreichen Programms verwandelt sich die Insel in den Oster- und Herbstferien in ein Abenteuerland für seine jüngsten Gäste, die hier in den vergangenen Jahren schon wie Meerjungfrauen schwimmen, selbst Eis herstellen oder in der Teenie-Disco tanzen konnten. Außerdem gab es bereits Wildniskurse, Recycling-Workshops, Rätsel-Rallyes und vieles mehr – und am Ende glückliche Kinder und entspannte Eltern sowie die Erkenntnis, dass Sylt auch ohne Strandwetter die perfekte Familieninsel ist.

INFORMATIONEN

Familienwochen,
Programm und Anmeldungen unter
www.sylt.de/familienwochen

65

# BRAUCHTUM UND BUNTE EIER

**Wenn auf der Insel statt Muscheln bunte Eier gesucht werden und unzählige kleine und große Hasen durch Kampen hoppeln – dann ist Ostern auf Sylt.**

Pünktlich zu Ostern erwacht die Insel aus ihrem langen Winterschlaf und mit den ersten Gästen kehrt auch das Leben zurück. Das erste große Fest des Jahres feiern einige Insulaner auch heute noch sehr traditionell und laden ihre Gäste gerne zum Zuschauen und Mitmachen ein. So zum Beispiel beim alten friesischen Brauch des Eierwerfens, der über die Osterfeiertage in vielen östlichen Inseldörfern praktiziert wird. Dabei werden hart gekochte Eier möglichst weit vom Kliff oder dem Deich geworfen – natürlich ohne dabei kaputtzugehen. Der Gewinner darf alle Eier entweder selbst essen oder sie an die zahlreichen zuschauenden Gäste und Insulaner verteilen.

Weiter südlich, am Hörnumer Campingplatz, wird am Abend des Ostersamstags ein großes Osterfeuer entzündet. Zuvor gibt es eine gemeinsame Fackelwanderung und im Anschluss Live-Musik. Und wer nicht allzu lange und allzu ausgelassen feiert, der schafft es am nächsten Tag auch pünktlich zum mittlerweile schon legendären Ostereierlauf auf der Kampener Whiskymeile. Wo sonst Promis flanieren und schicke Autos parken, hoppeln an diesem Tag kleine und große Hasen um die Wette – jeder mit einem Löffel in der Hand, auf dem hoch konzentriert ein hart gekochtes Ei balanciert wird. Mitmachen kann jeder (ohne Anmeldung) und wer ganz genau hinschaut, der entdeckt vielleicht unter einem der Hasenkostüme einen bekannten Kampener Gastronomen.

Einen Tag später, am Ostermontag, findet auf der Promenade in Westerland der kunterbunte „Osterspaß" statt. Ab 10 Uhr können kleine Sylter und Gästekinder auf Höhe der „Villa Kunterbunt" an verschiedenen Osterspielen und Bastelangeboten teilnehmen und natürlich darf auch die große Ostereiersuche nicht fehlen. Dazu gibt es Musik vom DJ und wenn die nicht zu laut ist, kann man sicher auch das ein oder andere Mal hören, wie sich die Insulaner auf Friesisch frohe Ostern wünschen. In diesem Sinne: Lekelk Puask!

**Extratipp:** Ganz besondere handbemalte Sylt-Eier gibt es über www.instagram.com/loulovesbirds.sylt.

INFORMATIONEN

Osterfeuer, Biikeplatz, 25997 Hörnum (Campingplatz)

Ostereierlauf, Strönwai, 25999 Kampen

Osterspaß, Kurpromenade in Höhe der Villa Kunterbunt, 25980 Sylt/Westerland

www.sylt.de/ostern und www.insel-sylt.de/ostern

66

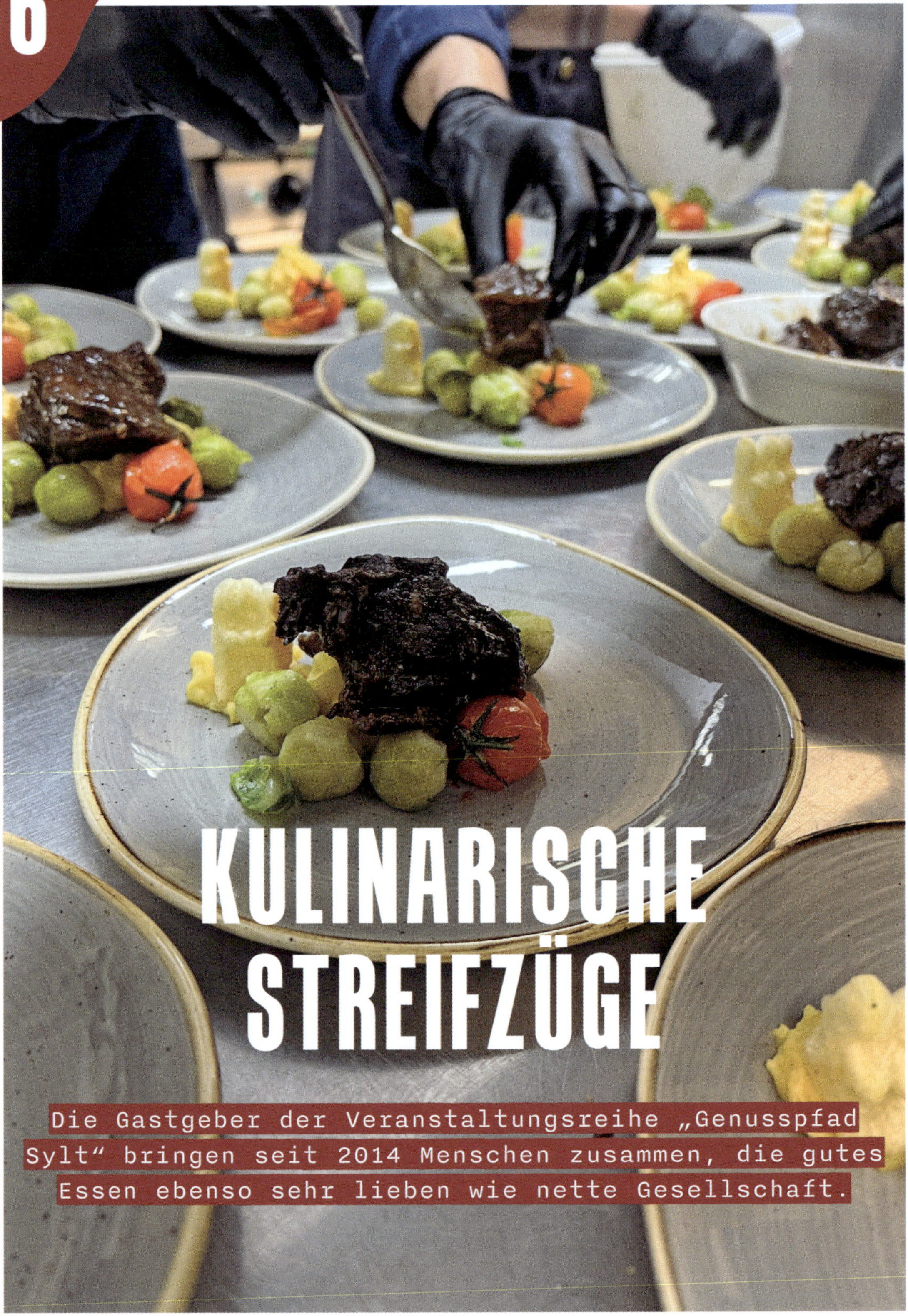

# KULINARISCHE STREIFZÜGE

Die Gastgeber der Veranstaltungsreihe „Genusspfad Sylt“ bringen seit 2014 Menschen zusammen, die gutes Essen ebenso sehr lieben wie nette Gesellschaft.

Genuss wird auf Sylt großgeschrieben, denn die Insel bietet eine einzigartige kulinarische Vielfalt – und das auf nicht einmal 100 Quadratmetern: vom ebenso einfachen wie leckeren Fischbrötchen auf die Hand über angesagte Fusion-Küche bis hin zum Fünf-Gänge-Menü in einem der Sterne-Restaurants. Wer bei dieser großen Auswahl sein ganz persönliches Lieblingsrestaurant noch nicht gefunden hat, sollte sich der Veranstaltungsreihe „Genusspfad Sylt" anschließen. Bis zu viermal im Jahr laden dessen Organisatoren zu einem kulinarischen Spaziergang durch verschiedene Inselorte ein, bei dem man neue Restaurants und deren Gastgeber kennenlernt und friesisch feine Gerichte probieren kann.

Der „Genusspfad Sylt" steht unter dem Motto „Üüs Söl'ring Lön – Unser Sylter Land" und möchte seinen Gästen nicht nur einen schönen Abend in netter Gesellschaft und mit hervorragendem Essen bescheren, sondern auch für regionale Erzeuger und deren Produkte werben. Besonders beliebt ist der weihnachtliche „Genusspfad", der Freunde guten Essens in der Adventszeit durchs idyllische Kapitänsdorf Keitum führt. Die Gastgeber fünf verschiedener Restaurants servieren jahreszeitlich passende Gerichte, deren Hauptzutaten zu mindestens 50 Prozent direkt von der Insel stammen. So kommen die bis zu 120 Teilnehmer des Walking-Dinners in den Genuss neuer, noch unbekannter Produkte aus kleinen Manufakturen und von Sylter Höfen, die auf Nachhaltigkeit und Regionalität setzen. Als kleine Zugabe gibt es ausgewählte Weine, leckere Dessert-Kreationen und anregende Tischgespräche in adventlicher Atmosphäre.

Wer Sylt im Herbst besucht, sollte sich den kulinarischen Insel-Streifzug ebenfalls nicht entgehen lassen, denn der führt seine Gäste durch die abwechslungsreichen Restaurants wechselnder Inselorte und verspricht außergewöhnliche jahreszeitliche Geschmackserlebnisse – und vielleicht ja sogar auch die Entdeckung des ganz persönlichen Lieblingsrestaurants.

**INFORMATIONEN**

Genusspfad_Sylt
25980 Sylt/Keitum;
Termine, Tickets und Infos
zu den Touren auf
www.genusspfad-sylt.de

# KEITUMER KONZERTGENUSS

Wenn an einem Mittwochabend im Dezember die Orgel von St. Severin erklingt, erwartet die Gäste der Keitumer Kirche ein musikalisches Erlebnis der Extraklasse.

Etwas Besonderes sind sie immer, die berühmten Mittwochskonzerte in St. Severin. Einzigartig und für ihre Besucher unvergesslich macht sie aber erst die spezielle Atmosphäre, die zur Advents- und Weihnachtszeit in der kleinen Kirche herrscht. Dann treffen zauberhafte Besinnlichkeit und große Musik aufeinander – ein Genuss für alle Sinne, möglich gemacht durch einen Kreis ehrenamtlich engagierter Gemeindemitglieder, die die klassische Musik genauso sehr lieben wie ihre Kirche im Kapitänsdorf Keitum.

Die beliebten Mittwochskonzerte finden bereits seit den 1990er-Jahren statt und locken Kultur- und Musikfreunde aus ganz Deutschland nach Sylt. Sobald in der von sanftem Kerzenlicht erhellten Kirche die ersten Orgelklänge zu hören sind, verstummt auch das letzte leise Gemurmel. Fast schon andächtig lauscht man dem gebürtigen St. Petersburger Alexander Ivanov, der seit 2005 Organist und Konzert-Intendant in der Keitumer Kirche ist. Deren Orgel ist nicht nur die größte im Kreis Nordfriesland, sondern gilt zudem als eine der klangschönsten. Die unter Kennern hochgelobte Akustik der Kirche tut ihr Übriges und sorgt für geschlossene Augen, offene Herzen und die ein oder andere Gänsehaut.

Das Klangbild der „Mühleisen-Orgel" mit ihren 46 klingenden Registern und den 3145 Pfeifen orientiert sich am 18. und 19. Jahrhundert und wurde bereits von hochgelobten Organisten aus der ganzen Welt gespielt, die entweder alleine oder als Begleitung von Alexander Ivanov an den Keitumer Konzerten mitgewirkt haben. Daneben sind immer wieder wechselnde internationale Musiker, Chöre und Solokünstler zu Gast in St. Severin. So auch bei den traditionellen Advents- und Weihnachtskonzerten, die immer frühzeitig ausverkauft sind. Schnell sein lohnt sich also, wenn man dieses besondere weihnachtliche Konzerterlebnis in St. Severin nicht verpassen möchte.

INFORMATIONEN
St._Severin,
Munkmarscher Chaussee,
25980 Sylt/Keitum,
www.st-severin.de/musik-an-st-severin

# INSEL-AUSZEIT

## Sylt für Körper und Seele

Sylt tut gut und lässt einen zur Ruhe kommen – dank frischer Meeresluft, abwechslungsreicher Wellnessangebote und jeder Menge Wohlfühloasen.

68

# AUSZEIT MIT INSEL-PANORAMA

Wellness in erster Strandreihe bietet das Day-Spa des „Wyn.Strandhotels“, in dessen entspannter Atmosphäre man dem Alltag entfliehen und zur Ruhe kommen kann.

In der „SPA.LOUNGE“ des „Wyn.Strandhotels“ schwebt man nicht nur über den Dächern Westerlands, sondern auch im siebten Wellness-Himmel. Das Hotel liegt direkt hinter den Dünen und darf den Spa-Bereich mit der wahrscheinlich spektakulärsten Aussicht der Insel sein Eigen nennen. Durch riesige bodentiefe Panoramafenster genießt man einen freien Blick aufs Meer, was vor allem im Herbst und Winter, wenn der Regen gegen die Scheiben prasselt und der Wind die Nordsee aufwühlt, ein besonderes Erlebnis ist. Dann gibt es kaum einen schöneren Platz, als eingekuschelt in einen flauschigen Bademantel am Fenster zu sitzen, die wohlige Wärme des knisternden Kamins zu genießen und sich auf all das zu freuen, was ein Tag im Day-Spa bereithält: zum Beispiel das Highlight des „Wyn.Strandhotels“, den einzigartigen Panoramapool, der sich ebenso wie der Rest des Spa-Bereichs in der Dachetage befindet. Auch hier kann man durch die großen Fensterfronten beim Bahnenziehen auf die Nordsee schauen und die Strandspaziergänger beobachten. Und auch in der Sauna spielt neben der Entspannung die Nordsee die Hauptrolle, denn hier schwitzt man mit Meerblick – entweder bei wohlig warmen 60 Grad in der Biosauna oder ganz klassisch in der 90 Grad heißen finnischen Sauna.

Wer mag, gönnt sich danach eine Runde Sport im Fitnessbereich oder aber eine Beauty-Behandlung mit hochwirksamen kosmetischen Algenprodukten, die die Haut ebenso frühjahrsfrisch machen wie die „Winterweg-Meersalzbehandlung“ mit anschließender Vitalmassage.

Die kleine Auszeit am Meer lässt man dann am besten bei einer Tasse Tee auf den bequemen Liegen in der „SPA.LOUNGE“ ausklingen. Ob mit einem spannenden Buch, einem netten Gespräch oder aber ganz für sich in Ruhe – wofür man sich auch entscheidet, eines steht dabei fest: Einige der schönsten Dinge beginnen definitiv mit W: Winter, Wärme, Wohlfühlen – und Wyn.

INFORMATIONEN

Wyn.Strandhotel,
Brandenburger Straße 13,
25980 Sylt/Westerland,
Tel. (0 46 51) 83 10,
www.wyn-sylt.de

# MOIN UND NAMASTE

Ob man Winter-Blues oder Frühjahrsmüdigkeit vertreiben, Körper, Geist und Seele ein wenig Entspannung schenken oder einfach mal etwas völlig Neues ausprobieren möchte: Wenn es um Yoga geht, ist man auf Sylt genau richtig.

Das Yoga-Angebot auf der Insel ist so abwechslungsreich wie Sylt selbst: Neben Kursen und Workshops für Anfänger und Fortgeschrittene werden auch mehrtägige Retreats angeboten, die absolute Entspannung und Entschleunigung versprechen.

## Surfbrett statt Yogamatte

Yoga kann aber sehr viel mehr als „nur" für Entspannung sorgen. Es fördert Kraft, Konzentration und Ausdauer, macht gelenkig und manchmal auch einen richtig schönen Muskelkater. Vor allem, wenn man Sonnengrüße & Co. nicht auf der weichen Matte, sondern auf einem wackeligen Surfbrett übt. Möglich machen das die Stand-up-Paddle-Yoga-Stunden (kurz: SUP-Yoga) von Yoga-Lehrerin Carolin Wesche (www.sylt-yoga.de), die regelmäßig im Freizeitbad „Sylter Welle" stattfinden. Aufgrund des erhöhten Schwierigkeitsgrades eignen sie sich allerdings eher für Fortgeschrittene.

Anfänger buchen am besten einen Kurs in einem der zahlreichen Sylter Studios, wie zum Beispiel im „Yogaraum" (www.yogaraumwesterland.de) in der Westerländer Friedrichstraße. Inhaberin Katja Schöneberndt bietet Privatstunden an, die bei gutem Wetter auch am Strand stattfinden können und die besonders für Einsteiger eine tolle Möglichkeit sind, Yoga kennenzulernen.

## Eine ganze Woche Yoga

Wer dabei auf den Geschmack gekommen ist und von Yoga nicht mehr genug kriegen kann, bucht sich am besten direkt einen Platz bei den „Happy Yoga Days Sylt", die jedes Jahr am zweiten Mai-Wochenende stattfinden (www.meermoment.de). Die Yoga-Auszeit bietet abwechslungsreiche Workshops und gemeinsame Yoga-Sessions, die bei schönem Wetter direkt am Meer veranstaltet werden. Ergänzt wird das Programm durch entspannende Meditation, anregende Gespräche mit Gleichgesinnten und einen kostenlosen Immun-Booster dank frischer Nordseeluft. Angeboten wird das Yoga-Training entweder mit oder ohne Übernachtung sowie wahlweise für zwei oder sieben Tage.

Auch während des übrigen Jahres kann man über „Meermoment" Yoga-Auszeiten mit verschiedenen Schwerpunkten buchen. So zum Beispiel das einwöchige Retreat „Yoga & Mindful Eating", das Meditation, Yoga und achtsamen kulinarischen Genuss verbindet und ein einmalig (ent-)spannendes Erlebnis für alle Sinne ist.

## Noch mehr Entspannung gefällig?

Bei Yoga-Lehrerin Friederike Ufer (www.einfachseinyoga.de) gibt es gleich die dreifache Dosis Entspannung. In ihren Yoga-Kursen lernen Teilnehmer die „Superpower Atem" kennen und erfahren, wie sie dank verschiedener Meditationsübungen zu sich selbst finden und Alltagsstress sowie negative Gedanken abschalten können. Die Kombination aus Yoga, Atemübungen und Meditation ist auch als Einzelstunde im Studio oder in der Ferienunterkunft buchbar.

**INFORMATIONEN**

Yoga-Angebote auf Sylt:
www.sylt.de/entdecken/sport/yoga

70

# SYLTER SCHIETWETTER-SURFING

Bei „Südkap Surfing" ist Wellenreiten auch im Winter möglich: entweder warm eingepackt im Neoprenanzug auf der Nordsee oder ganz entspannt in der Halle.

Gründe, außerhalb des Sommers eine Surfschule zu besuchen, gibt es viele. Zumindest wenn es sich bei der Surfschule nicht um irgendeine Surfschule handelt, sondern um eine ganz besondere – nämlich um „Südkap Surfing". Die Wassersportschule wurde 2012 von Christopher Bünger in Hörnum gegründet, inzwischen sind eine Dependance in Wenningstedt und ein Shop hinzugekommen. Getreu dem Motto „Es gibt kein schlechtes Surfwetter, sondern nur den falschen Neoprenanzug" finden die Kurse von Christopher und seinem Team bei jedem Wetter statt – nass wird man als Anfänger ja sowieso, wieso dann also nicht auch mal bei Regen Wellenreiten, Windsurfen & Co. ausprobieren? Sowohl Schnupperkurse für absolute Beginner als auch die mehrtägigen Fortgeschrittenen-Camps werden in der Regel von April bis Oktober angeboten, an bestimmten Terminen finden aber auch im Winter Kurse statt.

Wer es in der kälteren Jahreszeit dann doch lieber etwas weniger nass und ungemütlich mag, ist bei „Südkap Surfing" ebenfalls richtig, denn seit Kurzem werden in Wenningstedt das ganze Jahr über Surfskate-Kurse angeboten. Statt auf einem Surfbrett steht man dabei auf einem Skateboard und trainiert in der muckelig warmen „Sylt-4Fun-Halle" statt in der eisigen Nordsee. Die Bewegungen, die man beim Wellenreiten und Surfskaten macht, sind teilweise gleich – somit sind die Kurse die optimale Vorbereitung aufs Surfenlernen im nächsten Frühjahr.

Auch außerhalb des Wassersportbereichs kann man bei und mit dem Team von „Südkap Surfing" in der Nebensaison einiges erleben. Zum Beispiel die ganzjährigen Beach-Yoga-Kurse oder die Fackelwanderungen, die vor allem an den kurzen Winternachmittagen ein ganz besonderes Erlebnis sind: gemeinsam Sylt im Dunkeln entdecken, dabei spannenden Geschichten über die Insel lauschen und sich hinterher bei einem Punsch oder Kakao aufwärmen – und das ganz ohne Neoprenanzug. Besser geht's nicht.

INFORMATIONEN

Südkap Surfing/
Surfschule Hörnum,
Strandpromenade 1,
25997 Hörnum,
Tel. (0 46 51) 9 95 44 10,
www.suedkap-surfing.de

71

# EINE INSEL AUF DER INSEL

**Die „Akademie am Meer" im Klappholttal zwischen Kampen und List ist nicht nur eine anerkannte Bildungsstätte, sondern auch eine einzigartige Oase der Ruhe.**

Fernab vom Trubel Westerlands und dem Luxus Kampens liegt das Klappholttal. Wer hierherkommt, sucht – und findet – nur eines: Ruhe. Mitten im Naturschutzgebiet, eingebettet zwischen Dünen, ist die „Akademie am Meer" ein ganz besonderer Ort voller Ursprünglichkeit und Kreativität, der jedes Jahr bis zu 6000 Menschen anlockt. Vor allem im Herbst und Winter ist hier der perfekte Platz, um sich auf das Wesentliche zu konzentrieren und zu sich selbst zu finden. Dann hört man hier nichts außer das Meer, den Wind und die Schreie der Möwen, denn in den einfachen, aber gemütlichen Unterkünften gibt es weder Fernsehen noch beständiges WLAN. Beides vermisst man hier aber auch nicht, denn im Klappholttal hat niemand Angst, etwas zu verpassen.

Rund 400 Veranstaltungen, mehrtägige Seminare und Workshops bietet die „Akademie am Meer" das ganze Jahr über an. Im Winter besonders beliebt ist das „Biike-Seminar", in dem die Teilnehmer dem Mythos der nordischen Feuertradition auf den Grund gehen und diesen kulturhistorisch, künstlerisch und naturkundlich erforschen. Außerdem gibt es zahlreiche Angebote zu Achtsamkeit, positiver Lebensgestaltung und Work-Life-Design sowie Workshops zu den Themen Malen, Singen, Tanzen oder Meditation.

Ob gestresste Manager, entspannungssuchende Yogis oder Naturfreunde, die die Ruhe und Abgeschiedenheit des Klappholttals lieben – sie alle lernen hier eine ganz neue Seite von Sylt kennen. Und vielleicht auch eine ganz neue Seite von sich selbst. Denn auch wenn die „Akademie am Meer" mit ihren kleinen, minimalistischen Hütten, den Regeln zur Nachtruhe und dem instabilen WLAN ein wenig aus der Zeit gefallen scheint, so ist dieser Ort gerade heute so wichtig und angesagt wie nie. Wo sonst kann man sich ausschließlich auf das Wesentliche konzentrieren und lernen, mit dem glücklich zu sein, was man hat, als hier – irgendwo im Nirgendwo zwischen Kampen und List.

**INFORMATIONEN**
Akademie am Meer,
Volkshochschule Klappholttal,
25992 List, Tel. (0 46 51) 95 50,
www.akademie-am-meer.de

Däumling

# 72

# ABSCHLAG MIT AUSSICHT

**Wer sich auf Sylt nicht zwischen Sport und einem Tag in der traumhaften Natur entscheiden kann, der ist auf einem der vier abwechslungsreichen Golfplätze genau richtig.**

Die insgesamt 72 Löcher der Sylter Golfplätze (www.die-golfinsel-sylt.de) fügen sich harmonisch in die Insellandschaft ein und erlauben Golfgenuss zwischen Dünen und Hünengräbern. Daneben erwartet die Spieler immer wieder ein einzigartiger Ausblick auf die Nordsee und die berühmte Sylter Brise, die im Herbst und Winter für manch spieltechnische Herausforderung sorgt. Trotzdem – oder für manch einen gerade deswegen – eignet sich die Zeit außerhalb des Sommers ganz besonders fürs Golfen. Denn dann sind nicht nur die Plätze leerer, sondern man kann auch einmal spontan spielen, ohne wie in der Hauptsaison tagelang vorher eine Startzeit zu buchen. Zudem sind die Greenfees in der Neben- und Wintersaison teilweise bis zu 50 Prozent günstiger und es werden Golfhopping-Pakete angeboten, mit denen man zu vergünstigten Konditionen gleich drei der vier Sylter Plätze bespielen kann.

## Golfclub Budersand: Links-Course mit Meerblick

Der Platz im Inselsüden liegt fast direkt am Meer inmitten der einzigartigen Sylter Natur und bietet einen atemberaubenden Blick auf die Nordsee. Mehrfach prämiert

und wiederholt zum „Beliebtesten Golfplatz Deutschlands" (Golf Magazin 2023) gewählt, gilt er bundesweit als einziger echter „Links-Course". Darunter versteht man weitestgehend naturbelassene Golfplätze in hügeligen Dünenlandschaften, die sich durch natürliche Sandbunker und eine typische Bewachsung mit Strandhafer, Heide und Ginster auszeichnen.

### Golf-Club Sylt e.V.: Deutschlands nördlichster Golfplatz

Golfen mit Blick auf den Kampener Leuchtturm – und das auch noch ohne Handicap. Möglich macht das der 9-Loch-Kurzspielplatz des Golf-Clubs Sylt e.V. Außerdem bietet er eine anspruchsvolle 18-Loch-Anlage mit zahlreichen Grünbunkern und Wasserhindernissen sowie eine Golf-Academy, einen Shop und ein Restaurant.

### Marine-Golf-Club: schottisches Flair auf Sylt

Die Anlage zwischen Tinnum und Munkmarsch ist den berühmten schottischen Dünenplätzen nachempfunden und bietet sowohl Anfängern als auch Fortgeschrittenen jede Menge Highlights: Höhenunterschiede von bis zu vier Metern, weite Fairways und eine traumhafte Lage inmitten der Sylter Heidelandschaft.

### Golfclub Morsum: Exklusivität im Inselosten

Gegründet 1964 vom Verleger Axel Springer zählt der Club noch immer zu den exklusivsten Deutschlands. Eine begrenzte Anzahl an Gastgolfern ist hier immer willkommen – vorausgesetzt, sie finden den Platz, der sich in Morsum zwischen Wald und Wiesen versteckt. Unbedingt probieren: das Krabbenbrot mit Spiegelei im Clubhaus.

**Extratipp:** Im Urlaub das Golfen lernen? Auf Sylt kein Problem, denn fast alle Clubs bieten Schnupper- oder Platzreife-Kurse an.

### INFORMATIONEN

Golfclub Budersand,
www.gc-budersand.de

Golf-Club Sylt e.V.,
www.golfclubsylt.de

Marine-Golf-Club Sylt eG,
www.sylt-golf.de

Golfclub Morsum,
www.golf-morsum.de

73

# WELLNESS AUS DEM WATT

Das „Syltness Center“ in Westerland bietet Meerfans dank Anwendungen mit Algen, Schlick und Nordseewasser die perfekte Auszeit vom Alltag.

Gegen Antriebslosigkeit und trübe Gedanken an grauen Tagen hilft nichts besser als ein Spaziergang am Strand. Die frische Meeresluft, die zahlreiche Mineralien und Spurenelemente enthält, hat einen positiven Einfluss auf Atemwege und Immunsystem, kurbelt den Kreislauf an und sorgt für gute Laune.

Eine warme und trockene Alternative, falls das Wetter selbst hartgesottene Sylt-Fans nicht an den Strand lockt, ist das „Syltness Center" hinter den Westerländer Dünen. Hier gibt es alles, was das Meer in Sachen Gesundheit, Wellness und Wohlbefinden zu bieten hat – allen voran die Behandlungen mit Heilschlick direkt aus dem Wattenmeer vor Sylt. Was erst einmal etwas gewöhnungsbedürftig klingt, ist ein einmaliges Wohlfühlerlebnis. Der Schlick enthält wertvolle Inhaltsstoffe wie Kalzium, Kalium, Schwefel und einen natürlichen Salzgehalt, was nicht nur entzündungshemmend und durchblutungsfördernd wirkt, sondern auch die Hautregeneration anregt. Eingesetzt wird das reine Naturprodukt im „Syltness Center" unter anderem für Packungen in der Wasserliege, auf der man umhüllt von angenehm warmem Schlick schwerelos entspannen und alles um sich herum vergessen kann. Außerdem werden Gesichtsreinigungen und Masken mit Meeresschlick angeboten sowie Algenpackungen zur Entschlackung und Mineralisierung der Haut.

Für Strandspaziergang-Feeling, ohne bei Wind und Wetter vor die Tür zu müssen, sorgen die Inhalationsanwendungen mit gesundheitsförderndem Nordseewasser, das fein zerstäubt entweder bei einer Einzel- oder einer Rauminhalation eingeatmet werden kann. Wer sich anschließend noch ein warmes Thermalbad mit Meerwasser, eine Behandlung mit Meersalz oder ein Thalassobad mit Algenzusatz gönnt, der hat wirklich alles getestet, was Watt und Nordsee hergeben.

INFORMATIONEN

Syltness Center,
Doktor-Nicolas-Straße 3,
25980 Sylt/Westerland,
Tel. (0 46 51) 99 81 12,
www.syltnesscenter.de

74

# KUFENSTARS UND KLETTERHELDEN

In der Wenningstedter „Sylt4Fun-Halle" kann man auch bei Schietwetter Schlittschuh laufen – das sorgt für perfekte Weihnachtsstimmung trotz Sturm und Regen.

Sylt-Gäste, für die in der Adventszeit eine Runde Schlittschuhlaufen ganz oben auf ihrer To-do-Liste steht, müssen auch im Insel-Urlaub nicht darauf verzichten – auf Eis und kalte Ohren hingegen schon. Denn auf Sylt ist ja bekanntlich alles etwas anders, daher dreht man hier seine Pirouetten zum einen in der Halle und zum anderen nicht etwa auf Eis, sondern, ganz klimafreundlich, auf Kunststoff. Das war allerdings nicht immer so, denn bis vor ein paar Jahren stand die Eislauffläche nicht wie jetzt in der Wenningstedter „Sylt4Fun-Halle", sondern direkt auf der Promenade, wo das unbeständige Wetter und der Flugsand den Sylter Kufenstars immer wieder einen Strich durch die Rechnung machten.

Die können jetzt ganz ungestört bei angenehmen Temperaturen in der Halle ihre Runden drehen – und zwar meistens von den Weihnachtsferien bis in die erste

Januarwoche. Dann wird die Schlittschuhfläche abgebaut und in der Halle ist wieder mehr Platz für viele andere Sachen, die bei Schietwetter Spaß machen und fit halten. Auf 350 Quadratmetern gibt es hier eine riesige Boulderwand, auf der für kleine und große Kletterhelden Routen in unterschiedlichen Schwierigkeitsstufen bereitstehen. Geschickte Geschwindigkeitsfans testen mit dem Skateboard oder Roller die Pumptrack, einen 70 Meter langen Parcours mit verschiedenen Kurven und Wellen, auf dem man durch koordinierte Auf- und Abwärtsbewegungen Geschwindigkeit aufbaut. Außerdem stehen in der Halle Air-Hockey- und Kickertische bereit und man kann sich mit Fußball oder Basketball die Zeit vertreiben, bis das Wetter einen wieder nach draußen lockt.

Und falls man die ruhige Zeit auf Sylt vorwiegend dazu genutzt hat, die zahlreichen gastronomischen Angebote der Insel zu testen: Auf dem Schrägtrampolin im 45-Grad-Winkel sind Erwachsene bis 100 Kilo herzlich willkommen.

INFORMATIONEN

Sylt4Fun-Halle,
Norderweg 6, 25996 Wenningstedt-Braderup, Tel. (0 46 51) 4 47 70,
www.wenningstedt.de/entdecken/sport/sylt4fun

75

# SCHWITZEN MIT MEERBLICK

Müssen Inselgäste im Sommer häufig einiges an Geduld aufbringen, bis die Sylter Sonne sie so richtig zum Schwitzen bringt, haben es Urlauber im Herbst und Winter sehr viel leichter, denn auf sie warten gleich vier Sylter Strandsaunen.

Ob ganz im Norden in List oder im südlichsten Inselort Hörnum – die Sylter Strandsaunen sind der perfekte Abschluss eines langen Spaziergangs in der kalten Jahreszeit. Hier genießt man nicht nur die wohltuende Wärme und die positive Wirkung auf Körper, Geist und Immunsystem, sondern auch einen traumhaften Ausblick in die Sylter Natur.

Für Abkühlung nach dem Saunagang sorgt das wohl größte und kälteste Tauchbecken der Welt, die Nordsee, und für Entspannung die einmalige Lage der Saunen mitten in den Dünen – Meeresrauschen inklusive. Nirgends ist abschalten und zur Ruhe kommen schöner (und wärmer) als in den Sylter Strandsaunen.

## Strandsauna in List

Die nördlichste Strandsauna Deutschlands liegt direkt im Lister Dünengebiet und ist auf spontane Besucher bestens vorbereitet, denn alles, was man für den Saunagang braucht, kann man sich hier ausleihen und auch ohne Reservierung gerne vorbeikommen. Neben drei finnischen Aufguss- und Aromasaunen mit unterschiedlichen Temperaturen erwartet die Saunagäste eine Strandkorbterrasse zum Relaxen. Dort werden – ebenso wie im Ruheraum – warmer Tee, kalte Getränke und kleine Snacks serviert. Die Sauna im Listland ist auch über den Jahreswechsel geöffnet. Dann gibt es hausgemachten Punsch und Zimtschnecken mit Meerblick und als Gratiszugabe eine himmlische Ruhe, wie man sie nur in den einsamen Dünen finden kann.

## Strandsauna Hörnum

Am anderen Ende der Insel liegt die Strandsauna Hörnum, die älteste der vier Sylter Strandsaunen und die einzige, die ganzjährig geöffnet ist. Seit über 40 Jahren kann man hier in einer klassischen 90-Grad-Sauna mitten im Naturschutzgebiet entspannen und zur Ruhe kommen. Die Sauna bietet einen direkten Zugang zum FKK-Strand und eine Infrarotkabine sowie eine Snackbar, die sich ebenso wie der Ruhebereich in einer kleinen finnischen Blockhütte befindet. Außerdem gibt es eine Dünenterrasse, auf der man nach dem Saunieren den Wellen und den Möwen lauschen kann. Eine Reservierung ist empfehlenswert.

## Strandsauna „Samoa" in Rantum

Im kleinen Ort Rantum gibt es gleich zwei Strandsaunen. Direkt beim Restaurant Seepferdchen liegt die Strandsauna „Samoa", in der man von April bis Ende Oktober sowie zwischen den Jahren in einer geräumigen finnischen Sauna entspannen kann. Das absolute Highlight sind die großen Panoramafenster mit Blick auf die Nordsee, die den Saunagang vor allem bei Sturm und Regen zu einem einmaligen Erlebnis machen. Zudem gibt es ein Dampfbad, dessen feuchte

75

Wärme besonders wohltuend für Haut und Körper ist, und eine Strandkorbterrasse in den Dünen. Auch hier können Bademantel und Handtücher ausgeliehen werden, eine Voranmeldung des Saunagangs wird empfohlen.

## Strandsauna Rantum

Ein paar Kilometer weiter nördlich, direkt am Campingplatz, wartet die Strandsauna Rantum darauf, ihren Gästen an kalten Tagen so richtig einzuheizen, und zwar von Mitte April bis Anfang Oktober. Dank ihrer einmaligen Strandlage genießt man hier beim Saunieren einen direkten Blick auf die Nordsee – näher am Meer kommt man auf Sylt definitiv nirgends ins Schwitzen. Bei den Aufgüssen werden rein ätherische Öle verwendet und für die Entspannung danach geht's warm eingekuschelt ab in den Strandkorb. Kurzentschlossene sind herzlich willkommen und können von der Wolldecke über Handtücher und Bademäntel bis hin zu Zeitschriften alles ausleihen, was man für einen Tag in der Strandsauna braucht.

## Aller Anfang ist leicht: Tipps für Sauna-Neulinge

Wo, wenn nicht in einer der Sylter Strandsaunen, wäre der perfekte Ort, um das Saunieren einmal auszuprobieren? Und wann, wenn nicht in einem entspannten Herbst- oder Winterurlaub auf der Insel? Damit man dabei aber ausschließlich aufgrund der hohen Temperaturen ins Schwitzen gerät und nicht etwa aufgrund eines Sauna-Fauxpas, gilt es Folgendes zu beachten:
Vor dem Saunagang, den man immer mit einer etwas niedrigeren Temperatur beginnen sollte, heißt es erst einmal duschen und gründlich abtrocknen und dann rein ins heiße Vergnügen. Aber psssst: Die Sauna gilt als Ruhebereich, also lieber still genießen – dann hört man auch das Meeresrauschen besser. Bei der Platzwahl gilt: Je weiter oben, desto heißer. Daher sollte man sich am Anfang erst einmal ein Plätzchen im unteren Bereich suchen und dabei immer ein Handtuch unterlegen.

Apropos legen: Hinlegen ist grundsätzlich erlaubt, allerdings nur, wenn dann auch noch ausreichend Platz für die anderen Saunagäste ist. Am Ende des Saunagangs sollte man sich dann erst einmal ein paar Minuten hinsetzen, um Kreislaufproblemen vorzubeugen. Außerdem sollten es Sauna-Neulinge nicht gleich übertreiben – auch wenn es noch so schön und entspannend ist – und sich erst einmal langsam herantasten. Das erfahrene Personal berät Schwitz-Anfänger gerne, welche Dauer und Temperatur für sie am besten ist.

## Und danach? Entspannung!

Beim Saunieren gilt das Motto: Nach der Entspannung ist vor der Entspannung. Dazwischen muss man seinen Wohlfühlmodus allerdings vorrübergehend verlassen und sich ebenso kalt wie ausgiebig abduschen. Begonnen wird dabei an den Armen und den Beinen, um den Kreislauf zu schonen. Dabei helfen auch ausgiebiges Trinken (Wasser oder Tee) nach dem Saunagang und ganz viel Erholung auf einer Liege oder im Strandkorb mitten in den Dünen. So geht Entspannung auf Sylter Art.

### INFORMATIONEN

Strandsauna Listland,
Weststrandstraße 333a,
25992 List,
www.strandsauna.info

Strandsauna Hörnum,
Süderende 25, 25997 Hörnum,
www.strandsauna-sylt.com

Strandsauna Samoa,
Hörnumer Straße 70,
25980 Sylt/Rantum,
www.strandsauna-samoa.de

Strandsauna Rantum,
Hörnumer Straße 3,
25980 Sylt/Rantum,
www.strandsauna-sylt.de

76

# DIE PERFEKTE WELLE

**Ob Action auf der Turborutsche oder Aufguss mit Aussicht aufs Meer: Das Freizeitbad „Sylter Welle" sorgt auch an grauen Schietwettertagen für Sommergefühle.**

In Bikini oder Badehose entspannt aufs Meer schauen, dabei ein gutes Buch lesen, die angenehme Wärme genießen und sich zwischendurch immer wieder in die Wellen stürzen: So sieht ein perfekter Urlaubstag auf Sylt aus. Und zwar ein perfekter Urlaubstag im Herbst oder Winter. Möglich macht das die „Sylter Welle", die auch in der Nebensaison all das bietet, wovon viele Sylt-Gäste träumen: angenehm warme Temperaturen in der Luft und in den mit Meerwasser gefüllten Becken sowie ein spektakulärer Blick auf die Nordsee. Da deren Temperatur auch in heißen Monaten durchschnittlich bei wenig wohligen 20 Grad liegt, ist es kein Wunder, dass auch im Sommer viele Gäste in die „Sylter Welle" ausweichen, um dort bei Badewannentemperaturen von bis zu 32 Grad im Sprudelbecken zu entspannen oder sich im Wellenbecken treiben lassen.

Wer keine Lust auf Schlangestehen an den verschiedenen Rutschen oder Zickzackschwimmen hat, ist hier in der Nebensaison bestens aufgehoben, denn dann wird es auch in der „Sylter Welle" – wie überall auf der Insel – leerer und ruhiger. Aber nicht zu ruhig, denn Unterwasserscooter, virtuelle Tauchgänge zu den schönsten Riffen der Welt, verschiedene Angebote für Kinder und ein abwechslungsreiches Kursangebot sorgen dafür, dass auch an grauen Novembertagen keine Langeweile aufkommt.

Wem der Sinn etwas mehr nach Ruhe steht, der findet im Saunabereich eine wohlig warme Wohlfühlwelt mit Blick auf die tosende Nordsee. Neben verschiedenen Saunen wie einer Aromensauna und einer speziellen Kindersauna steht den Gästen auch ein Dampfbad zur Verfügung. Die Temperatur von 40 bis 50 Grad und die hundertprozentige Luftfeuchtigkeit sorgen für Entspannung, während man ganz nebenbei Stress abbauen und seiner Haut etwas Gutes tun kann. Anschließend lässt es sich dann herrlich in einem der Ruheräume oder im Saunagarten mit Meerblick vom nächsten perfekten Urlaubstag auf Sylt träumen.

INFORMATIONEN

Sylter Welle,
Strandstraße 32,
25980 Sylt/Westerland,
Tel. (0 46 51) 99 81 11,
www.sylterwelle.de

77

# WALKEN IM NORDEN

**Laufend Sylt entdecken beim Nordic Walking – das macht dank eines abwechslungsreichen Streckennetzes nicht nur Spaß, sondern auch richtig fit.**

Golf-Insel, Hotspot für Surfer und jede Menge Yoga-Angebote – dass Sylt sportlich ist, ist längst kein Geheimnis mehr. Dass es über einen der größten Nordic-Walking-Parks Deutschlands verfügt, hingegen schon. Denn obwohl Nordic Walking in den letzten Jahren immer populärer geworden ist, steht es sicher auf den wenigsten Urlaubs-To-do-Listen. Zu Unrecht, denn die Sportart ist nicht nur besonders gesund und gelenkschonend, sondern auch super für das Herz-Kreislauf- und das Immunsystem. Und zwar erst recht, wenn man sich im gesunden Sylter Reizklima die Stöcke schnappt und die 220 Kilometer des inselweiten Nordic-Walking-Parks erkundet.

Nordic Walking ist der perfekte Sport für jede Jahreszeit. Sogar im Herbst und Winter, wenn es zum Radfahren zu kalt und zum Joggen zu windig ist, macht das schnelle Gehen richtig Spaß. Und wer einen Weg durch die hügelige Dünenlandschaft wählt, der kommt sogar an frischen Frühlingstagen ins Schwitzen und kurbelt so ganz entspannt seinen Stoffwechsel an.

Zur Verfügung stehen 26 Routen, auf denen man in der Nebensaison in seinem eigenen Tempo laufen und dabei die Ruhe und die Landschaft genießen kann, während die beliebten Strecken im Sommer oft ziemlich voll sind. Anfänger wählen am besten eine der blau gekennzeichneten Strecken, die relativ kurz sind und über festen Boden führen. Etwas schwieriger wird es auf den roten Touren und wer die Herausforderung sucht, der kann eine der schwarzen Routen testen, die aufgrund wechselnder, teils sandiger Untergründe besonders herausfordernd sind.

Und spätestens wenn man dann eine der (Halb-)Marathon-Strecken gelaufen ist, weiß man, dass Nordic Walking mehr als nur langweiliges Gehen mit zwei Stöcken ist. Die kann man sich übrigens beim Sport-Infocenter im „Syltness Center“ ausleihen, Streckenpläne und Infos zu geführten Touren gibt’s bei den Touristinformationen.

**INFORMATIONEN**

Sport-Infocenter,
Doktor-Nicolas-Straße 3,
25980 Sylt/Westerland,
Tel. (0 46 51) 99 80

78

# ROBIN HOOD AUF SYLT

**Wie man mit Pfeil und Bogen dem Schietwetter trotzt und dabei auch noch so richtig entschleunigt, lernt man beim Team von „Youksakka“ in Westerland.**

Wer auf Sylt bei Entspannung für Körper und Geist ausschließlich an Wellness oder Yoga denkt, der kennt „Youksakka“ noch nicht. Dahinter verbirgt sich das Herzensprojekt von Peter Behrhorst, der seit 2004 auf Sylt Bogenschießkurse und Workshops zum Bogenbauen anbietet. Das Ziel, die eigene Faszination mit anderen Menschen zu teilen und sie in die Welt des Bogenschießens einzuführen, verfolgt das „Youksakka“-Team dabei mit ebenso viel Kompetenz wie Leidenschaft.

Besonders an Tagen, an denen das Wetter sich nicht für eine Radtour oder einen Strandausflug eignet, ist auf ihrem Bogenschießplatz zwischen Keitum und Tinnum jede Menge los: Kinder, die sich einmal fühlen wollen wie Robin Hood, sitzen hoch konzentriert mit ihren selbst gebauten Bögen auf Holzpferden, eine Gruppe von Urlaubern macht die ersten Schießversuche an den großen 3-D-Zielen und eine Familie lässt sich von Peter Behrhorst zeigen, wie sie ihren eigenen, ganz individuellen Bogen selbst herstellen kann.

Diesen zu beherrschen, ist eine Kunst, die es zu erlernen und zu üben gilt, wobei das Wichtigste dabei die Konzentration ist. Und genau die ist es auch, die dafür sorgt, dass man schnell alles um sich herum vergisst: Hektik, Lärm und Alltagssorgen sind plötzlich ganz weit weg, denn den richtigen Stand zu finden, die Hand ruhig zu halten, das Ziel zu fixieren und dabei noch gleichmäßig zu atmen, fordert die volle Aufmerksamkeit des Schützen.

Kommt an den berühmten Sylter Schietwettertagen noch Wind hinzu, wird es gleich noch mal etwas schwieriger, denn es gilt, einzuschätzen, wie dieser den Pfeilflug beeinflusst. Mit der Hilfe und den Tipps der Sylter Profis hat man dies aber ganz schnell raus und selbst, wenn man einmal nicht trifft, wird einen dies kaum ärgern. Denn im Vordergrund stehen das besondere Erlebnis des Bogenschießens und die vollkommene Entschleunigung, die für jeden einzelnen verpatzten Schuss entschädigt.

INFORMATIONEN

Youksakka Bow & Funcompany,
Am Sportzentrum/Keitumer Landstraße, 25980 Sylt/Westerland,
Tel. (01 77) 8 02 73 09,
www.youksakka.de

79

# WOHLFÜHLOASE AM WATTENMEER

**Die Nebensaison auf Sylt ist die perfekte Zeit, um eines der schönen Hotels wie das „A-ROSA Sylt Hotel“ in List zu besuchen, das im Sommer oftmals früh ausgebucht ist.**

Das Sylter „A-ROSA Hotel“ lockt im Frühling mit tollen Angeboten und reduzierten Zimmerpreisen. Aber auch wer kein Übernachtungsgast ist, kann es sich hier gut gehen lassen – und zwar am besten einen ganzen Frühlingstag lang. Das Fünfsternehotel liegt am Ortseingang List, nur durch die Dünen vom Meer getrennt, und bietet dank warmem Wohlfühlambiente und aufmerksamem Service beste Voraussetzungen für die perfekte Auszeit.

## Genießen und entspannen mit Dünenblick

Los geht's mit einem ausgiebigen Frühstück, das entweder im Dünenrestaurant oder, wenn die Sylter Frühlingssonne es zulässt, auf der schönen Terrasse eingenommen werden kann – frische Nordseeluft inklusive. Ob warmer Milchreis mit Obst, Omelette mit Krabben oder etwas vom reichhaltigen Backwaren-Büfett – frisch und regional ist alles, was hier auf die Teller kommt. So gestärkt geht es in den 3500 Quadratmeter großen Wellnessbereich „SPA-ROSA“, wo man Alltagsstress und Winterblues garantiert hinter sich lässt und zu vollkommener Entspannung findet.

Eines der Highlights ist der große Pool, der von innen nach außen verläuft und durch dessen Panoramafenster man einen herrlichen Dünenblick hat. Bei schönem Wetter schwimmt man einfach nach draußen, genießt die Ruhe, die frische Luft und das warme plätschernde Wasser. Wer es noch etwas wärmer mag, besucht anschließend eine der Themensaunen wie die Eventsauna, in der besondere Licht- und Windeffekte für ein einmaliges Saunaerlebnis sorgen. Außerdem kann in der Reet- und Kräutersauna, der Treibholzsauna oder im Osmanischen Bad relaxt werden.

Gemütliche Ruheräume, zum Teil mit Meerblick, sowie die Terrasse mitten in den Dünen laden anschließend dazu ein, sich die ersten warmen Sonnenstrahlen ins Gesicht scheinen zu lassen, die Stille zu genießen und alles um sich herum zu vergessen.

Wer mag, lässt auf Entspannung Genuss folgen und bestellt an der „VitalBar“ im Außenbereich einen frischen Smoothie und einen gesunden Mittagssnack, bevor der Tag im „SPA-ROSA“ mit einer verwöhnenden Beauty-Behandlung oder einer angenehmen Massage endet.

## Perfekter Abschluss: Sushi und Soulfood

Zum Abendessen geht es ins Hotel-Restaurant „The Fish Club“, wo in lockerer Lounge-Atmosphäre alles von Seafood bis Soulfood serviert wird. Das kreative Küchenteam zaubert neben norddeutschen Tapas außergewöhnliche Sushi-Kreationen sowie diverse Fisch- und Fleischgerichte auf die Teller. Dazu gibt’s in dem maritim gestalteten Restaurant jede Menge entspannte Gemütlichkeit, die zu einem langen Abend in netter Gesellschaft einlädt.

Danach noch ein Cocktail an der Hotelbar und der entspannte Frühlingstag in der Wohlfühloase am Wattenmeer endet so perfekt, wie er begonnen hat.

INFORMATIONEN

A-ROSA Sylt,
Listlandstraße 11, 25992 List,
Tel. (0 46 51) 96 75 07 00,
www.arosahotels.de/reiseziele/sylt.html

80

# ABNEHM-AUSZEIT AM MEER

Beim Fastenwandern auf Sylt kann man den Alltag für eine Weile hinter sich lassen und etwas für sein Wunschgewicht und sein Wohlbefinden tun.

Fasten ist wahrscheinlich nicht unbedingt etwas, das man direkt mit Sylt verbindet – zu groß ist die Auswahl an hervorragenden Restaurants und gemütlichen Teestuben, in denen es nach frisch gebackenen Waffeln und Friesentorte duftet. Aber: Sylt und Fasten passen hervorragend zusammen, und das nicht nur, weil die Fastenzeit in die ruhigen Monate fällt, in denen man die Insel fast für sich alleine hat. Bei langen Spaziergängen an den leeren Stränden kann man völlig zur Ruhe kommen und dabei fast vergessen, dass man sich gerade in Verzicht übt. Unterstützung bekommen Fasten-Neulinge und Wiederholungstäter dabei von erfahrenen Experten, die neben Vorträgen und Entspannungsworkshops auch Fastenwanderungen über die Insel anbieten. Diese sind die perfekte Möglichkeit, seinem Wunschgewicht näherzukommen, den Körper zu entgiften und dabei die frische Nordseeluft und die einzigartige Sylter Natur zu genießen.

Die beiden Westerländer Fastenhäuser „Werner" und „Ahlers" bieten individuelle Fastenwochen nach dem Prinzip des „Basenfastens" an, bei dem nicht komplett auf feste Nahrung verzichtet wird, sondern lediglich säurebildende Lebensmittel vom Speiseplan gestrichen werden. Etwas mehr Disziplin erfordert die Methode des „Buchinger Fastens", die während der Fastenkur ausschließlich Säfte, Gemüsebrühe und ungesüßten Tee erlaubt. Zusammen mit ausgedehnten Wanderungen über die Insel werden damit sowohl der Stoffwechsel als auch die Selbstheilungskräfte angekurbelt. Eine recht neue Fastenart ist das „Sylter Vital-Fasten", das vom „Fastenhaus Ahlers" entwickelt wurde und das neben einer täglichen Zufuhr von maximal 400 Kalorien auf den Einsatz spezieller Mineralien, Samen und Kräuter setzt.

Egal, welche Methode man wählt – eine Fastenwoche auf Sylt verspricht vollkommene Entspannung, neue Kraft und Vitalität sowie ein tolles Gemeinschaftsgefühl in der Gruppe, mit dem das Verzichten auf Zeit direkt viel leichter fällt.

INFORMATIONEN

Fastenhaus Werner, Kolberger Straße 3, 25980 Sylt/Westerland, www.fastenwandern-sylt.de

Fastenhaus Ahlers, Wenningstedter Weg 54, 25980 Sylt/Westerland, www.fasten-sylt.de

**Bibliografische Information der Deutschen Nationalbibliothek**
Die Deutsche Nationalbibliothek verzeichnet diese Publikation in der Deutschen Nationalbibliografie; detaillierte bibliografische Daten sind im Internet über http://dnb.d-nb.de abrufbar.


**Konzeption/Satz:** Droste Verlag, Düsseldorf
**Einbandgestaltung:** Vernice Collet, Düsseldorf, unter Verwendung eines Bildes von © Stock.adobe.com: joerghoffmann
**Textlektorat:** Brigitte Lotz, Essen
**Druck und Bindung:** P&B Print, Europe
**Fotos:** A-ROSA Resorts GmbH: S. 188, 189; arcona HOTELS & RESORTS: S. 164, 165 beide; Axel Steinbach: S. 76, 77; Barbara Bentlage: S. 170 u.; Beate Zoellner: S. 118; Brød & Smør: S. 124, 125 beide; BUDERSAND: S. 146; BUDERSAND/Stefan von Stengel: S. 172; Carsten Karst/SYLT Event GmbH: S. 134, 136, 137 o.; Claudia Welkisch: S. 2, 11, 14, 15, 25, 33, 38, 40, 41, 42, 43, 46, 47, 50, 51, 54, 57, 59, 60, 61, 65, 70, 74, 75, 78, 79, 85, 88, 104, 114, 115 beide, 150, 151, 154; DEIN SYLT - Medienmanufaktur Sylt: S. 158, 159; Dünenstrauss Sylt: S. 44, 45; Das Naturgewalten_Susan Guetari: S. 53; flashphotography-sylt: S. 173; Galerie Mensing: S. 55; Günter Grätsch: S. 52; Hansenhof Sylt: S. 30 beide; Heidi Lindemann/Lichtbild Sylt: S. 22; hell living sylt: S. 86, 87 beide; iismeer Sylt: S. 102, 103; Inselfotograf: S. 64; Insel-sylt.de: S. 18 (Tobias Thiele), S. 19 (Marc Grabke), S. 36, 174 (Lars Jockumsen), S. 37 (Sylt1 TV), S. 89 (Roman Matejov Fotografie Sylt), S. 167 (MeerLicht-Photography), S. 175, 182, 183 beide (Pascal Skwara); Jens Schmidt: S. 110, 111; Kafferösterei Sylt: S. 126, 127; Kontorhaus Sylt: S. 120, 121; Künstlergemeinschaft Lechnerhof: S. 28/29, 32; Laura Müller_Sylt Marketing: S. 132, 162/163; Lennart Nass: S. 171 o.; Lou loves birds Sylt: S. 137 u.; Michael Magulski: S. 177; Ralph Pfeifer: S. 112, 113; Roman Matejov: S. 48, 49 beide; SALONFAEHIG: S. 66, 67; Silke von Bremen: S. 138; stock.adobe.com: S. 7 (eyetronic), S. 10 (K I Photography), S. 8/9, 12, 92 (Jenny Sturm), S. 13 o. (Travelbee), S. 13 u. (calla), S. 16, 142 (haiderose), S. 17 o. (Hubert Schwarz), S. 17 u. (Jürgen Hamann), S. 20 (Silke Koch), S. 21 o. (larsbendels.com), S. 21 u. (Marc Stephan), S. 23 (Florian Kunde), S. 24 (artfocus), S. 26 (Björn Wylezich), S. 27 o. (A_Bruno), S. 27 u. (mihail39), S. 34 (Blickfang), S. 35 beide (Antje Lindert-Rottke), S. 56 (eyewave), S. 58 (PictureArt), S. 72 (Carl-Jürgen Bautsch), S. 80 (Norbert Werner), S. 81 (Christian), S. 82 (Harry Hirsch), S. 83 (Petra Beerhalter), S. 84 (Thorsten Schier), S. 93 (Conny Hagen), S. 94 (abr68), S. 95 (IrkIngwer), S. 96/97 (Natalia Lisovskaya), S. 105 u., 168 (Konrad Weiss), S. 105 o. (kristina rütten), S. 108 (Brent Hofacker), S. 109 (Viks_jin), S. 116 (studio-workstock), S. 117 (Erika Wehde), S. 128/129 (alusovna); S. 130 (Oskar), S. 131 (Dar1930); S. 140 (RIWO.DOT), S. 141 (Carl & Karl), S. 145 (SP), S. 149 (Anna), S. 155 o. (misskaterina), S. 155 u. (dusanpetkovic1), S. 156 (joern_gebhardt), S. 157 (textag), S. 160 (Pixel62), S. 161 (mnimage), S. 166 (Martina), S. 169 (brudertack69), S. 176 (Fxquadro), S. 184 (Jacek Chabraszewski), S. 185 (Image'in), S. 190 (Saimanfoto), S. 191 (feyyazalacam3399); Strandsauna List: S. 178, 179; Strandsauna Rantum: S. 180; Strandsauna Samoa: S. 181; Susan Guetari: S. 99; Sylt-Mari im Rosenglück: S. 100, 101; Sylt Distillers GmbH: S. 152, 153 beide; Sylter Eismanufaktur: S. 98; Sylter GenussMacherei: S. 122, 123; Sylter Suppen: S. 107; Sylter Weinerlebnistouren Nils Lackner: S. 133; Sylter Werkstätten: S. 62, 63 beide; Thomas Lorenzen/Kinowelt Westerland: S. 90, 91; Tourismus-Service Kampen: S. 73; Holger Widera: S. 68; Youksakka Bow & Funcompany: S. 186 beide, 187

**ISBN 978-3-7700-2535-0**
www.droste-verlag.de